Carl Adolf Cornelius

Die Verbannung Calvins aus Genf im Jahr 1538

Carl Adolf Cornelius

Die Verbannung Calvins aus Genf im Jahr 1538

ISBN/EAN: 9783744627252

Hergestellt in Europa, USA, Kanada, Australien, Japan

Cover: Foto ©ninafisch / pixelio.de

Weitere Bücher finden Sie auf **www.hansebooks.com**

Die Verbannung Calvins

aus Genf im Jahr 1538.

Von

C. A. Cornelius.

Aus den Abhandlungen der k. bayer. Akademie der Wiss. III. Cl. XVII. Bd. III. Abth.

München 1886.
Verlag der k. Akademie
in Commission bei G. Franz.

Die Verbannung Calvins
aus Genf im Jahr 1538.

Wenn ich von neuem die Frage erhebe, wie es gekommen ist, daß die erste Periode der Wirksamkeit Calvins in Genf so rasch ein jähes Ende erreicht hat, und unbekümmert um die früheren Bearbeiter in einer neuen Durchforschung der Geschichte Genfs während der zweiundzwanzig Monate, die zwischen der Ankunft Calvins im Juli 1536 und der Bestätigung seiner Verbannung im Mai 1538 liegen, die Antwort suche, so finde ich die Berechtigung für mein Unternehmen darin, daß die Quellen in der letzten Zeit teils erheblich vermehrt, teils zugänglicher gemacht worden sind. Der große „Schatz" der Calvinischen Correspondenz, den wir der hingebungsvollen Sorge der Straßburger Herausgeber der Werke Calvins verdanken, liegt abgeschlossen vor uns. Aus den Genfer Ratsprotokollen hat Amédée Roget in seinem preiswürdigen Geschichtswerke die werthvollsten Auszüge gegeben. Zuletzt hat Herminjard seine musterhafte Sammlung der Correspondenz der Reformatoren in den Landen französischer Zunge, mit dem begleitenden überaus lehrreichen Commentar, bereits über die Jahre, die uns hier angehen, hinaus erstreckt. Auch der Arbeit von Rilliet und Dufour über den ersten Katechismus Calvins müssen wir dankbar gedenken.[1]

---

[1] Jo. Calvini Opera quae supersunt omnia, ediderunt Guilielmus Baum Eduardus Cunitz Eduardus Reuss theologi Argentoratenses. Vol. I — XXX. Brunsvigae 1863 sqq. — Die Bände X. Pars posterior, bis XXI. 1872—1879, enthalten den Thesaurus epistolicus Calvinianus. — In den Citaten bezeichne ich dieß Werk mit Opp.
Roget, Amédée. Histoire du peuple de Genève depuis la réforme jusqu'à l'escalade. Tome I—VII. Genève 1870—1883. Ich citire mit R.
Correspondance des réformateurs dans les pays de langue française, recueillie et publiée avec d'autres lettres relatives à la réforme et des notes historiques et biographiques par A. L.

Gewiß bleibt viel zu wünschen übrig; insbesondere läßt der Mangel an aller gleichzeitigen Erzählung sich durch nichts ersetzen. Aber ich glaube doch die Möglichkeit vor mir zu sehen, wenigstens die Umrisse des Ereignisses, und zwar auf Grund allein des urkundlichen Materials und mit Ausschluß aller späteren Tradition, mit genügender Sicherheit zu erkennen. Ich mache den Versuch.

1.
Die dritte Spaltung der Genfer Bürgerschaft.

Vor dem Eingang in unsere zwei Jahre steht eine Begebenheit, deren maßgebende Bedeutung bisher nicht vollkommen gewürdigt worden ist: die Spaltung nämlich der evangelischen Partei nach errungenem Siege. Es ist nach dem Kampf zwischen Mameluken und Eidgenossen, dann zwischen Katholiken und Evangelischen, jetzt die dritte Spaltung, zwischen denjenigen Parteien, die zwei Jahre später die Namen Artichauds und Guillermins erhalten haben.

Die Peneysans (d. h. die katholische Partei, jetzt aus der Stadt hinausgeworfen und mit Savoyischer Unterstützung im Krieg gegen Genf begriffen) hatten, nach Froments Bericht,[1]) den ältesten Sohn des Generalcapitains Jean Philippe gefangen, und wollten ihn gegen die Gefangenen ihrer Partei austauschen, deren Hinrichtung bevorstand. Dem widersprach Michel Sept, genannt Balthasar, und gewisse andere Ratsherrn, indem sie sagten: wenn wir die Verräther herausgeben, so gestehen wir zu, daß wir Unrecht gehabt, ihre Genossen hinzurichten; man muß den Gefangenen vielmehr mit Geld auslösen; und ich, Balthasar, will zu dem Zweck dreihundert Thaler beisteuern; und wäre es auch mein eigener

---

Herminjard. Tome I—VI. Genève et Paris 1866—1883. Das Werk geht für jetzt bis zum Ende des Jahres 1540. Ich citire mit H. Die ohne Angabe des Orts, wo sie gedruckt stehen, angeführten Briefe finden sich alle bei Herminjard an ihrer chronologischen Stelle.

Le Catéchisme français de Calvin, publié en 1537, réimprimé pour la première fois d'après un exemplaire nouvellement retrouvé, et suivi de la plus ancienne Confession de foi de l'églife de Genève. Avec deux notices, par Albert Rilliet et Théophile Dufour. Genève 1878.

1) Les Actes et Gestes merveilleux de la cité de Geneve, nouvellement convertie a l'Evangille, faictz du temps de leur reformation et comment ils l'ont receue, redigez par escript en fourme de chroniques annales ou hystoyres, commençant l'an MDXXXII. par Anthoine Fromment. Mis en lumiere par Gustave Revilliod. A Geneve 1854. — cf. Chap. 45. p. 181.

Sohn, so würde ich nicht anders rathen. Hierin wollte der Vater Philippe nicht einwilligen, sondern begehrte, daß man für seinen Sohn alle Gefangenen herausgebe. Als das nicht geschah, wurde er sehr zornig gegen Balthasar, und fand andere Mittel zur Befreiung seines Sohnes. Dieß war der Anfang und die Hauptursache des Hasses und der Spaltung, die zwischen den beiden Genfer Häuptern aufkam, wie zwischen Pompejus und Cäsar, den beiden römischen Häuptern. Und durch die Spaltung zwischen den beiden ist viel Unglück in Genf erfolgt, nämlich Todtschläge, Verbannungen, Verderben an Gut, Ehre, Personen; namentlich die Verbannung der Predicanten ist daher gekommen. Die Artichauds auch sind im Garten Philippes gewachsen aus dieser Parteiung, ja fast das Verderben der Stadt, denn was die Partei des einen begehrte und liebte, das hasste die andere u. s. w.

Es ist der in leidenschaftlich erregten Gemeinwesen nicht ungewöhnliche Vorgang, daß die siegreiche Partei im Augenblicke des Sieges sich spaltet und zwei neuen Parteien und ihren erbitterten Kämpfen das Leben gibt. Von Anfang braucht die neue Parteiung keinen principiellen Grund zu haben, die Partei an und für sich ist das erste, gleich darauf aber findet sich das Stichwort und die Fahne.[1]) Die erste Spur von einem Princip im Gegensatz der beiden neuen Parteien tritt in der Sitzung des Großen Rates am 3. September 1536[2]) zu Tage, wo die Anzeige gemacht wird, daß Claude Richardet, Pierre Lullin und andere nicht zur Predigt gehen, worauf Richardet heftig erwidert: „Niemand soll über mein Gewissen Macht haben, ich werde nicht auf Befehl eines Syndics Porral zur Predigt gehen." Ebenso antwortete auf Befragen Jean Philippe und andere, daß sie nicht gezwungen sein, sondern in

---

1) Die Thatsache, dass in unserm Fall Privatfeindschaft der Parteiung zu Grund liegt, kann durch das Schweigen der Reformatoren in ihren Briefen nicht beseitigt werden. Denn daß sie davon wissen, erhellt aus dem Leben Calvins von Beza, der seine Kunde nur aus den theologischen Kreisen hat, und ausdrücklich auf die alte Feindschaft hinweist, die zwischen einigen hervorragenden Familien während des Savoyischen Kriegs entstanden und in der folgenden Zeit fortgedauert habe. Opp. XXI 127: — et veteres inter quasdam primarias familias inimicitiae bello Sabaudico susceptae adhuc exercebantur. — — et eo usque malum procelliffet, ut civitas privatorum quorundam factione in diversas partes scinderetur. — Die spätere Tradition ließ dann diese Andeutung wieder fallen und gab der Parteiung unbedenklich von Anfang an eine kirchliche oder vielmehr antikirchliche Färbung.

2) Ratsprot. bei R I 11.

Freiheit leben wollen. In der Schätzung dieses Vorfalls muß man sich hüten mit der späteren Tradition so weit zu gehen, hier den Beginn einer Auflehnung gegen Kirche und gute Sitte wahrnehmen zu wollen, die dann eine Aera des Kampfes zwischen Tugend und Laster eingeleitet habe. Wenn man von den Männern absieht, die wie Jean Balard damals noch offen sich zum alten Glauben bekannten, so waren die übrigen, rechts und links, bewährte Glieder der evangelischen Partei, die im Kampfe der Reformation zusammen gehalten hatten, Jean Philippe so gut wie Michel Sept. Es kam der Opposition nicht in den Sinn, gegen die evangelische Kirche anzugehen: man war zunächst nur uneins über eine Frage, nicht der Kirchenzucht, sondern der weltlichen Kirchenpolizei. Noch weniger handelte es sich um die Freiheit des Lasters. Daß im Verlauf des Kampfes und bei weiterer Ausbreitung des principiellen Gegensatzes unreine Elemente sich vorzugsweise der Opposition beigesellten, darf angenommen werden und war natürlich. Für jetzt waren es nicht die Frommen auf der einen Seite, die Lasterhaften auf der anderen, die sich bekämpften. Andacht war überhaupt nicht gar viel zu finden bei den Häuptern der Bürgerschaft. Ausgenommen Ami Porral, dessen kirchliche Gesinnung und frommer Lebenswandel keinen Zweifel gestatteten, gaben die Führer der strengen Partei, Curtet Goulaz u. a. wenn nicht größern, doch gewiß nicht geringeren Anstoß[1]) durch Mangel an sittlicher Haltung als ihre Gegner Jean Philippe oder Pierre Vandel.

Die Wahl der Syndics und Räte, die wie alljährlich Anfang Februar 1537 stattfand, stand durchaus unter der Herrschaft der neuen Parteiung. Unter ungewöhnlichen Vorgängen innerhalb der Ratsversammlung und unter Zeichen der Aufregung draussen errang die Partei Sept einen vollständigen Sieg. Die vier neuen Syndics, Jean Curtet, Claude Pertemps, Pernet Desfosses und Jean Goulaz gehörten ihr an.[2]) Die geschlagene Partei empfand ihre Niederlage sehr bitter; es sei bei der Wahl nicht mit rechten Dingen zugegangen,[3]) behaupteten sie; der Ratsherr Lullin, der Candidat zum Syndicat gewesen, wollte geraume Zeit seinen Sitz

---
1) R I 6. 23. 24. 25.
2) Ratsprot. bei R I 27.
3) Ueber die Beschuldigung, qu'ils ont elte eslous par pratique, beklagt sich die Regierung im Conseil général am 25. November 1537. Ratsprot. bei R I 49. 50.

im Rat nicht wieder einnehmen;[1]) man klagte über die herausfordernde Haltung des Michel Sept und anderer Häupter der siegreichen Partei.[2]) Und man war entschlossen den Kampf weiter zu führen. Das nächste Ziel war die Wiederherstellung des abgeschafften Amtes eines Generalcapitains zu Gunsten Jean Philippes, den man durch diese auf der Wahl des ganzen Volks beruhende Stellung gewissermassen auf gleiche Höhe mit der gewöhnlichen Obrigkeit heben und ihm eine legale Unterlage zum Kampf mit ihr verschaffen wollte. Aber die Sache kam vor die Zweihundert im Mai 1537, welche diesen Absichten entschieden entgegen traten.[3]) Zu gleicher Zeit wurde Pierre Vandel, der sich als Agitator hervorthat mit aufreizenden Reden und heimlichen Umtrieben, in Haft genommen und mit peinlichem Proceß bedroht.[4])

So stand die Sache noch im Sommer 1537: Die Opposition war in ungeduldigem Anstreben begriffen, wurde aber von der herrschenden Partei, die sich im Besitz der obrigkeitlichen Gewalt befand, niedergehalten. Da gab in einer kirchlichen Frage, welche die ganze Bürgerschaft in Bewegung brachte, die Regierung sich eine Blöße, und gewährte dadurch der Opposition eine Gelegenheit zur Rache, die sie nicht außer Acht ließ.

2.
Calvins kirchliche Forderungen.

Bei Calvins Ankunft in Genf war die Organisation des evangelischen Kirchen- und Staatswesens in vollem Zug begriffen. Der Beschluß der allgemeinen Bürgerversammlung vom 21. Mai 1536 hatte die neue Kirche zur Staatskirche erhoben und den Katholicismus aus Genf ausgeschlossen.[5])

---

1) Ratsprot. bei R I 29.
2) P. Vandel nennt drei Bürger, qui veulent eftre princes, den Syndic Goulaz, Michel Sept und Ami Porral. Ratsprot. bei R I 38.
3) Ratsprot. Mai 16 bei R I 37.
4) Ratsprot. bei R I 38.
5) Ratsprot. Opp. XXI 201: — eft propose l'arrelt du conseil ordinaire et de deux cents touchant le mode de vivre et apres ce aulte voix eft efte demande sil y avoit aucungs que seeulle et volulfe dire quelque chose contre la parole et la doctrine qui nous eft en cefte cite preschee quil le dyent et a scavoir si trestous veulent pas vivre selon levangille et la parole de Dieu ainsy que dempuis labolition des mefles nous eft efte preschee et se prefche tous les jours, sans plus

Zugleich wurde der Grund zu einer neuen Schule evangelischen Charakters gelegt,[1]) an deren Spitze Antoine Saunier trat;[2]) der Besuch fremder Schulen[3]) so gut wie der Besuch auswärtigen katholischen Gottesdienstes[4]) und der Gebrauch der Sacramente nach katholischem Ritus[5]) verboten; die katholischen Festtage abgeschafft;[6]) der Besuch der evangelischen Sonntagspredigt unter Polizeistrafe geboten.[7]) Es wurde getauft und getraut nach evangelischer Weise,[8]) das evangelische Abendmal zu Ostern[9]) und Weihnachten[10]) gefeiert, die Sünden der Unzucht und des Spiels von Staats wegen verfolgt,[11]) streitige Ehesachen von dem Rat nach Anhörung des geistlichen Gutachtens entschieden.[12]) Das Ziel dieser Entwicklung

---

aspirer ny vouloir melles ymaiges ydoles ny autres abufions papalles quelles quelle soyent. Sur quoy sans point daultre voix que une mesme eft efte generalement arreste et par elevation des mains en lair conclud et a Dieu promys et iure que trestous unanimement a layde de Dieu volons vivre en cefte saincte loy evangellicque et parolle de Dieu ainsy quelle nous est annoncee veuillans delaiffer toutes melles et aultres ceremonies et abufions papales ymaiges et ydoles et tout ce que cela porroit toucher, vivre en union et obeiffance de justice.

1) ibid. Icy eft auffy efte propose larticle des escolles et sur iceluy par une mesme voix eft resolu que lon taische a avoir homme a cela faire scavant et que lon le sallarie tellement quil puiffe nurrir et enseigner les paovres sans leur rien demander de sallaire et auffy que chescung soit tenu envoyer ses enfans a lescholle et les faire apprendre et tous escholliers et aussi pedagoges soyent tenus aller faire la residence a la grande escolle ou sera le recteur et ses bacheliers.

2) Ratsprot. 1536 Jan. 13. H IV 79: Ant. Saunier — intrat. Petit sibi declarari sicuti volumus agere cum eo de scholis. Fuit advisum quod, tam pro eo quam duobus subalternis, pro omni mercede et expensis, — sit suum salarium annuum de centum scutis auri.

3) Ratsprot. 1537 Jan. 29. Opp. XXI 207. Icy eft efte parle que lon doege faire commandement a ceux quils hont des enfans deschole quil ne soyent auses les tenir aultre part que aux escolles crestiennes.

4) Der Rat von Genf an den Cardinal de Tournon 1537 Jun. 25: Vray eft que l'esdict eft fait entre nous, que celuy qui fera dehors ce quil ne ouseroit faire dedans noftre ville terres et pais, touchant la modde de vivre que avons promis observer jouxte l'evangille, quil doibge demeurer la ou il hara cela faict.

5) Ratsprot. 1536 Jun. 17. R I 3.
6) Ratsprot. 1536 Mai 23. R I 5.
7) Ratsprot. 1536 Jun. 16. Jul. 21. 24. R I 4.
8) Ratsprot. 1536 Apr. 28. R I 5. — Aussage Calvins bei R I 9.   Am 17. Jun. 1536 wird Girardin de la Rive zur Verantwortung gezogen, weil er sein Kind durch einen Priester hat taufen lassen. R I 3.
9) Farel an Christoph Fabri. Genf 1536 Apr. 22: Novifti, frater, ut arbitror, quid hic egerit Dominus, quam habuerimus coenam, quam frequens fuerit, ac frequens auditorium.
10) Farel an Fabri. Genf 1536 Dec. 23: Cras coenam celebrabimus etc.
11) Beispiele bei R I 6. — Am 5. Dec. 1536 werden A. Porral und J. Goulaz mit der Verfolgung des Spiels und der Unzucht beauftragt. R I 13.
12) Ein Beispiel Ratsprot. 1536 Mai 23 bei R I 5.

war deutlich, der Weg war gewiesen: er führte unfehlbar zu einer Kirchenordnung, ähnlich wie die, welche in den deutschen evangelischen Städten, in Bern, Zürich, Basel, Platz gegriffen hatte. An diesem Resultat hätte auch der Streit über Predigtzwang oder das Gegenteil, über strengere oder laxere Staatskirchenpolizei voraussichtlich nichts geändert.

Farel, so lang er allein an der Spitze stand, wäre keineswegs unzufrieden mit einem solchen Gang der Dinge gewesen. Dagegen musste Calvins Eintritt eine Wendung herbeiführen. Denn dieser junge Mann hatte über Religion und Kirche und was damit zusammenhängt seine eigenen ganz bestimmten Gedanken gefaßt, und diese nicht allein im Stillen und für den eigenen Gebrauch zu einem in sich abgeschlossenen System ausgebildet sondern auch in einem Religionshandbuch niedergelegt, das ganz vor kurzem erschienen, aber schon auf dem Weg zu großer Berühmtheit begriffen war. Daneben besaß er die Eigenschaft, das einmal als wahr Erkannte für immer und unabbrüchlich fest zu halten und keinem Widerspruch das geringste Recht einzuräumen. Indem er nun, ohne vorher das neue kirchliche Leben irgendwo näher kennen gelernt zu haben, zum erstenmal aus der Studierstube unmittelbar in die Gemeinde trat, verstand es sich ihm von selbst, daß die Praxis der Theorie gehorchen, die Genfer Kirche seinem Religionshandbuch sich anbequemen mußte.

Er trat zwar nicht an die Spitze der neuen Kirche. Das Haupt war Farel. Als Calvin im Juli 1536 mit Widerstreben in Genf zu bleiben versprach, war es nicht die Seelsorge, die er übernahm, sondern die Erklärung der hl. Schrift in Vorlesungen zu St. Peter. Im Februar 1537 ist er noch nicht in die Reihe der Predicanten eingetreten,[1]) und noch im August 1537 nennt der Rat von Bern in einem Schreiben an beide nur Farel Prediger, dagegen Calvin Lector in der hl. Schrift.[2]) Aber er ist von Anfang Mitglied des Colloquiums, welches die Predicanten für Genf und Umgegend, auch für das anstoßende Berner Gebiet im

---

1) Der Rat von Genf an den Amtmann von Thonon 1537 Februar 5 bittet um Rücksendung Corauds, denn Viret sei fort, Farel viel in den Dörfern beschäftigt, so daß Genf ohne Coraud fast keine Predigt habe. Calvin wird nicht erwähnt. Er nennt sich noch im Januar 1537 Sacrarum literarum in ecclesia Genevenfi profeſſor, auf dem Titel der Schrift: Duae epiftolae etc.
2) H IV 276.

November 1536 errichten.¹) Im December hat er im Auftrag der Brüder eine Ermahnung in der Versammlung an den widerspänstigen Predicanten Denis Lambert zu richten.²) Geschäfte von allgemeiner Bedeutung werden ihm übertragen, so der Kampf mit Caroli zu Lausanne;³) er muß auf der Synode zu Bern Ende Mai Farel zur Seite stehen.⁴) Farel selbst, dem Nachrede und Anfeindung die Stelle an der Spitze — als Häresiarch von Genf, wie Caroli ihn nennt⁵) — allmählich verleideten, wünschte hinter Calvin und Viret, wo immer es angieng, zurückzutreten.⁶) Zuletzt noch im Jahr 1537, finden wir Farel und Calvin überall, auch als Prediger, neben einander; zwar Farel nach alter Gewohnheit immer noch an erster Stelle genannt, sonst aber ohne Unterschied.

Dagegen gab es eine Obliegenheit, die ohne Amt und Auftrag von Anfang her Calvin zufiel: das war die kirchliche Gesetzgebung, ich meine die Initiative und die Arbeit der Gesetzgebung.

In den ersten Monaten war er viel von Genf abwesend.⁷) Zuerst auf einer Reise nach Basel, unterwegs durch den Besuch der neuen evangelischen Gemeinden aufgehalten. Zurückgekehrt beginnt er seine Vorlesungen zu St. Peter, und am 5. September meldet Farel die Sache im Kleinen Rat⁸) und erwirkt den Beschluß, „diesen Franzosen" in der

---

1) Fratres qui Genevae et in vicinia Chriftum annuntiant, fratribus Lausannae. 1536 Nov. 21: Colloquia eroximus per Christum. Qui viciniores erunt, curate ut conveniant nobiscum et sedulo, nec quicquam sit inter nos discriminis, sed per omnia unum simus.
2) Farel an Fabri. Genf 1536 Dec. 6: Admonitus fuit per Calvinum rogatusque fratrum nomine, ut a ministerio desifteret.
3) Fabri an Farel. Thonon 1537 Febr. 5. — Die Genfer Pastoren an die Berner Pastoren. 1537 gegen Febr. 20. — Calvin (an Megander) gegen Febr. 20. — Megander an Bullinger. Bern März 8.
4) Ratsprot. 1537 Mai 24, bei II IV 236.
5) Caroli an Papst Paul III. bei II IV 250: Deinde a Farello, heresiarcha Gebennenfi, et sectatoribus eius tam acriter insidiis petitus etc.
6) Farel an Capito. Genf 1537 Mai 5. II V 439: Modis omnibus invidiam declinare contendo, ac quantum poffum cum Chrifto me subduco et per alios cupio fieri potiora, ut et per Dei gratiam fiunt. In Calvinum et Viretum reiiciuntur omnia, quod commodius et dextre magis fiant, et sic non tam sim hoftibus invidiofus, qui et pios aliquot fratres in suam trahunt sententiam, siquidem quidquid eft studii, non in gloria Christi exaltanda, sed in uno vermiculo perdendo collocant.
7) Calvin an F. Daniel. Laufanne 1536 Oct. 13.
8) Ratsprot. 1536 Sept. 5. Opp. XXI 204: Mag. Guil. Farellus exponit sicuti sit necffaria illa lectura qualem initiavit ille Gallus in S. Petro. propterea supplicat videri de ipos

Stadt zu behalten. Dann stört ihn Krankheit. Einen großen Teil des October muß er den Synoden zu Lausanne und Bern beiwohnen.[1]) Erst von Ende October bis in den Februar hat er eine ruhigere Zeit, die er seinen Vorlesungen, seinen schriftstellerischen Arbeiten[2]) und dem Werk der kirchlichen Ordnung Genfs widmet.

Am 10. November legt Farel dem Großen Rat Kirchenordnungsartikel vor, die genehmigt werden. Wir kennen sie nicht, dürfen aber vermuthen, daß sie hauptsächlich gegen die Reste des Katholicismus gerichtet waren. Sie werden nämlich mit dem Beisatz genehmigt: „und es sollen die Bilder gestürzt werden, wo immer sie sich finden, und für die Prediger soll gesorgt werden."[3]) Wahrscheinlich sind es dieselben Artikel, die ein Beschluß des 24. Mai in Aussicht genommen hatte, als „für die Einheit des Staats" nothwendig.[4]) Calvins Anteil an denselben lassen wir dahin gestellt sein; aber gleich nach ihrer Verkündigung legte er Hand an sein Werk. „Als der Greuel des Papstthums", so erzählt er ein Jahr später,[5]) „zu Genf niedergeworfen war durch die Kraft des Wortes Gottes, erschien ein Rats-Edict, welches die Religion der Stadt zur Reinheit des Evangeliums zurückzuführen, den Aberglauben und seine Werkzeuge hinweg zu räumen befahl. Hiermit aber war unseres Erachtens noch keineswegs eine Kirche ins Leben geführt, in welcher die

---

retinendo et sibi alimentando. Super quo fuit advisum quod advideatur de ipsum sustinendo. — Oporin an Calvin, Basel 1537 März 25: Audio te magna cum laude et utilitate praelegere D. Pauli epistolas.

1) Calvin wohnt der Berner Synode bei, die von Oct. 16—18 dauert. Megander an Leo Jud und Bullinger. Bern 1536 Oct. 20. H IV. 90

2) Calvin schrieb damals: Epistolae duae de rebus hoc seculo cognitu apprime neceffariis. Die Vorrede ist datirt Genevae pridie idus Januarii a. 1537. Opp. V, 233.

3) Ratsprot. 1536 Nov. 10. Opp. XXI 206; M. Guil. Farellus proposuit articulos de regimine ecclefiae qui fuerunt lecti et super quibus fuit arrestatum quod articuli ipsi observentur integre et ruantur imagines in quibuscunque locis fuerint repertae et provideatur de praedicatis (?) sicuti latius dicetur in ordinario consilio.

4) Ratsprot. 1536 Mai 24, bei R I 14: Il eft parlé des édits qui doivent être faits pour l'unité de l'Etat. Arrefté que l'on prépare des articles qui soient succeffivement présentés au Conseil ordinaire, au Deux Cents et au Conseil général.

5) In dem Vorwort zur lateinischen Ausgabe des Katechismus, Bafel 1538. Opp. V 319: Quanquam post abominationem papismi verbi virtute hic prostratam senatus consulto edictum fuerat, ut sublatis superstitionibus earumque instrumentis ad „evangelii puritatem urbis religio componeretur: nondum tamen ea extare nobis videbatur ecclefiae facies, quam legitima muneris noftri adminiftratio requireret.

2*

gebührende Verwaltung unseres Ministeriums die ihr zukommende Stätte finden mochte." „Deshalb", so heißt es in der großen Januar-Eingabe an die Genfer Obrigkeit, „ist uns gut und heilsam erschienen, zur Berathung über diese Dinge zusammen zu treten, und nachdem wir durch das Wort des Herrn unter Anrufung seines Namens und Erflehung der Hülfe seines Geistes, unter uns im Rat gefunden haben, welche Ordnung fortan zu halten gut sein werde, haben wir beschlossen, das Ergebniß unserer Beratung in Artikeln euch vorzulegen, und bitten euch im Namen Gottes, daß euch belieben möge euerseits unverdrossen zu thun, was eures Amtes ist." [1])

Der Hauptinhalt aber dieser also feierlich angekündigten, von der Geistlichkeit aus eigenem Antrieb und ohne Auftrag gefaßten und der Obrigkeit zu pflichtmäßiger Ausführung empfohlenen Beschlüsse ist eine neue Abendmalsordnung als Grundlage eines neuen Systems der Kirchenzucht mit der Excommunication als Schlußstein.

„Es wäre sehr zu wünschen, daß das Abendmal wenigstens alle Sonntage gefeiert würde. Nach Christi Einrichtung und dem Gebrauch der alten Kirche sollte es eigentlich jedesmal geschehen, wenn die Gemeinde sich versammelt. Aber da aus so häufigem Gebrauch bei der Schwäche des Volkes die Gefahr der Mißachtung entstehen möchte, so haben wir, bis zur Zeit wo das Volk mehr gestärkt sein wird, für gut gefunden, daß es allmonatlich einmal, abwechselnd in einer der drei Kirchen, S. Peter, Rivekloster, S. Gervais gefeiert werde. Vor allem ist nun dafür zu sorgen, daß das Abendmal nicht verunehrt werde. Es muß also dahin gesehen werden, daß die, welche zur Teilnahme erscheinen, gleichsam approbirte Glieder Christi seien. Zu diesem Zweck hat der Herr in seiner Kirche die Zucht des Bannes angeordnet, und wenn einige Furcht Gottes uns beiwohnt, so muß diese Einrichtung in unserer Kirche statt haben." [2])

---

1) H IV 156. — il nous az semble advis eftre bon et salutayre de conferer ensemble touchant ces choses, et apres avoir advise entre nous par la parolle du Seigneur, ayant invocque son nom et implore lalliftence de son esprit, quelle polifte il seroyt bon de y tenir cy apres, nous avons conclud de vous presenter par articles ce que en avons delibere, selon la cognoyflance que le Seigneur nous en az donne, vous priant au nom de Dieu que voftre playsir soyt ne vous espargner de vostre part a faire icy ce qui est de vostre office.

2) ibid. Il seroyt bien a desirer que la communication de la saincte cene de Jesucrist fust

Calvin weiß, daß er hiermit eine Einrichtung begehrt, die bisher in keiner der bestehenden evangelischen Kirchen eingeführt worden war, die von manchen der Reformatoren ersehnt aber für schwer oder gar nicht durchführbar gehalten, von andern erfolglos versucht, von andern gar principiell abgelehnt worden war. Aber sein System steht fest und darf weder vor der Meinung anderer noch vor der allgemeinen Erfahrung sich beugen. „Welche Meinung auch andere haben mögen", äussert Calvin einige Zeit später,[1]) „wir denken unseresteils unser Amt nicht in so enge Schranken eingeschlossen, daß, wenn einmal die Predigt zu Ende, unsere Aufgabe erfüllt wäre und wir uns der Ruhe hingeben dürften. Wir sind eine viel unmittelbarere, viel lebendigere Sorge denen schuldig, deren Blut von uns zurück gefordert werden wird, wenn es durch unsere Nachlässigkeit verloren geht." Wie er die Verwaltung des geistlichen Amtes, die Seelsorge auffaßt, ist sie nicht ausführbar ohne die Excommunication. Darum muß diese eingeführt werden. Und nicht die Excommunication allein; sondern um ihr die volle Wirkung zu geben, deren sie fähig ist, bedarf er einer Organisation der Kirchenzucht, die

---

tous les dimenches pour le moins en usage, quant leglise est assemblee en multitude. — — Et, de faict, elle naz pas este instituee de Jhesus pour en sere commemoration deux ou trois foys l an, mais pour ung frequent exercice de nostre foy et charite, duquel la congregation des crestiens heutz a user quant elle seroyt absemblee, comme nous voyons quil est escript aux Actes 2ᵉ chap. que les disciples de nostre Seigneur perseveroyent en la fraction du pain, qui est l ordonnance de la cene. Et telle az este tousjours la practique de l esglise ancienne etc. — Mais pour ce que linfirmite du peuple est encore telle quil y auroit dangier que ce sacre et tant excellent mistere ne vint en mespris sil eltoit si souvent celebre, ayant esgard a cela, il nous a semble bon que, en attendant que le peuple, qui est encores aucunement debile, sera plus conferme, cefte saincte cene soyt ufitee une fois chascun moys en l ung des trois lieux ou se font maintenant les predications, celt a scavoir S. Pierre, Rive ou Sainct Gervays, tellement que lung des moys elle se face a Sainct Pierre, l aultre a Rive et l aultre a Sainct Gervays, et ainsin revienne par ordre, apres avoir acheve le tour. Toutefoys ce ne sera pas pour ung quartier de la ville, mais pour toute lesglise. — — Mais le principal ordre qui est requis et duquel il convient avoyr la plus grande sollicitude, celt que celte saincte cene — ne soyt souillee et contaminee. — — Il fault doncq que ceux qui ont la puissance de fayre celte police mettent ordre que ceux qui viennent a ceste communication soyent comme approuvez membres de Jesucrist. Pour celte caule noftre Seigneur a luis en son esglise la correction et discipline d'excommunication. — — Pourtant, s il y a quelque craincte en nous de Dieu, il fault que celte ordonnance aye lieu en nostre esglise.

2) In dem oben augeführten Vorwort. Opp. V 319: Utcunque enim aestiment alii, nos certe functionem nostram adeo exiguis finibus terminatam non putamus, ut concione habita, ceu persoluto penso, conquiescere liceat. Propius multo ac vigilantiore opera curandi sunt, quorum sanguis, si desidia nostra perierit, a nobis reposcetur.

noch auffallender und unerhörter für die Zeitgenossen war als die Excommunication selbst.

„Wir haben beschlossen euch aufzufordern, daß es euch gefallen möge gewisse Personen von gutem Lebenswandel und von gutem Zeugniß unter den Gläubigen zu erwählen, die über alle Quartiere der Stadt vertheilt, auf Leben und Führung eines jeden ihr Augenmerk zu richten haben. Wenn sie an jemand ein namhaftes Laster zu tadeln finden, so sollen sie einem der Diener des Wortes Mitteilung machen, um den Schuldigen brüderlich zur Besserung zu ermahnen, und wenn die Vorstellungen zu nichts helfen, ihn wissen zu lassen, daß man seine Hartnäckigkeit der Kirche anzeigen werde. Will er dann nicht hören, so wird es Zeit sein, daß der Diener des Wortes von dem Zeugniß der dazu Berufenen unterstützt in der Versammlung anzeige, was man gethan um ihn zur Besserung zu bringen und warum es nichts geholfen habe. Da wird man erkennen ob er in seiner Herzenshärtigkeit beharren will, und alsdann wird es Zeit sein, ihn zu excommuniciren, das heißt, daß er für ausgeschlossen aus der Genossenschaft der Christen und der Gewalt des Teufels überlassen geachtet werde und daß man ihn des zum Zeichen absondere von der Gemeinschaft des Abendmals und den Gläubigen den vertraulichen Verkehr mit ihm untersage, doch so, daß er nicht unterlasse zur Predigt zu kommen, um zu erproben ob es dem Herrn gefallen werde sein Herz zu rühren zur Umkehr auf den guten Weg." [1]

---

[1] II IV 160. Et, pour ce faire, nous avons deslibere requerir de vous, que vostre playsir soyt ordonner et eslire certaynes personnes de bonne vie et do bon tesmoignage entre tous les fideles, pareillement de bonne constance, et que ne soyent poent ayses de corrumpre, lesquelz estans departis et distribuez en tous les quartiers de la ville, ayant l oil sus la vie et gouvernement d ung chascun; et sils voyent quelque notable vice a reprendre en quelque personne, quil en communiquent avecq quelcung des miniftres, pour admonefter quicunque sera celuy lequel sera en faulte et l exorter fraternellement de se corriger. Et si on vooyt que telles remoustrances ne profitent rien, le advertir que on signifiera a lesglife son obstination; et lors sil se recognoyt, voyla desja un grand prouffit de cefte discipline. Sil ny veult entendre, il sera temps que le miniftre, eftant advoue de ceux qui auront cefte charge, denunce publiequement en l allemblee le debvoyr qu on aura faict de le retirer a amendement, et comment tout cela na rien proffite. Adoncques on coynoestra s il veult perseverer en la durete de son coeur, et lors sera temps de lexcommunier, ceft a scavoir quil soyt tenu comme rejecte de la compagnie des crestiens et laiffe en la puiffance du diable, pour une confusion temporelle, jusques a ce quil donne bonne apparence de sa penitence et amendement; et en signe de ce, quil soyt rejecte de la communion de la cene et quil soyt denonce aux aultres fideles de ne converser poent familierement avecq luy; toutefoys

Das Organ der Excommunication ist nicht näher bezeichnet, nur ist kein Zweifel, daß sie als eine ausschließlich kirchliche Handlung gedacht wird. Der Gesetzgeber fährt fort:[1] „Weiter hat die Kirche nicht zu gehen. Aber wenn es Leute geben sollte, so versunken in Schlechtigkeit, daß sie über ihre Excommunication lachen und unbesorgt in derselben leben und sterben wollen, so wird es eure, der Obrigkeit, Sache sein zu erwägen, ob ihr das auf die Dauer dulden und eine solche Verachtung und Verhöhnung Gottes und seines Evangeliums ungestraft lassen dürft."

An dieser Stelle wird nun noch ein anderer Antrag eingefügt, der für die nächste Zeit eine größere Bedeutung als alles andere zu gewinnen bestimmt war.

„Da sehr zu vermuthen, ja fast offenbar ist, daß in dieser Stadt solche in großer Anzahl vorhanden sind, die sich ganz und gar nicht dem Evangelium angeschlossen haben, sondern ihm widersagen so viel sie können, und in ihrem Herzen allen Aberglauben nähren, der dem Worte Gottes widerstreitet, so wäre es sehr ersprießlich zunächst damit anzufangen, daß man die, welche sich zur Kirche Jesu Christi bekennen wollen und die es nicht wollen, unterscheide. Zu diesem Zwecke haben wir bedacht euch zu bitten, daß alle Einwohner euerer Stadt angehalten werden, ein Bekenntniß abzulegen und Rechenschaft von ihrem Glauben zu geben, um zu erkennen, welche sich zum Evangelium halten, und welche lieber dem Reiche des Papstes als dem Reiche Christi angehören wollen. Und es wäre eine Handlung christlicher Obrigkeit, wenn ihr Herrn vom Rat, jeder für sich, in euerm Rat ein solches Bekenntniß ablegen wolltet, und dann einige aus eurer Mitte verordnen, die in Gemeinschaft mit einem Diener des Wortes jedermann auffordern sollen, desgleichen zu thun. Und dieß wäre nur für dieß eine mal, denn das

---

quil ne laiſſe poent de venir aux predications pour recevoyr tousjours doctrine, affin desprover toujour s il playra au Seigneur luy toucher le cueur pour retorner en bonne voye.

1) ibid. 161. Et oultrę ceſte correction lesglise n a poent a proceder. Mais ʃil y en avoyt de si insolens et habandonnez a toute perversite, quil ne se fillent que rire d eſtre excommuniez et ne se souciaſſent de vivre et morir en telle rejection, ce sera a vous a regarder si vous aures a souffrir a la longue et laiſſe impugny ung tel contempnement et une telle mocquerie de Dieu et de son evungille.

ist der rechte Anfang einer Kirche, daß man sehe, zu welcher Lehre sich ein jeder hält." ¹)

Noch andere Anträge folgen, die sich auf Einführung des Psalmengesanges, auf Anordnung eines Unterrichts der Kinder in der Religion, auf das Rechtsprechen in Ehesachen beziehen. Den letzten Punkt betreffend wurde die Bitte ausgesprochen, einen Ratsausschuß zu ernennen, der in Verbindung mit einigen Dienern des Wortes die Ehesachen aburteilen, zunächst aber unter Beirat derselben Diener des Wortes Ordonnanzen über diesen Gegenstand ausarbeiten und dem Rat zur Genehmigung vorlegen solle..

Dieß ist der Inhalt der Artikelschrift, die am 16. Januar 1537 im Kleinen und Grossen Rat vorgelegt wurde. Von der Beratung erfahren wir nichts. Die Beschlüsse, die damals in dem einen und dem anderen Collegium gefaßt wurden, betrafen viele Punkte, deren in den Anträgen der Predicanten keine Erwähnung geschehen war: unter andern Zeit und Ort der Taufe, Zahl der Eheverkündigungen, Schließung der Läden während der Sonntagspredigt. Verbot der anstößigen Lieder u. a. m. In Bezug auf die Eheprocesse wurde beschlossen, der Rat solle das Urteil haben ohne Appellation, doch daß er vorher die Geistlichen zu Rate ziehe. Damit war die bisher geltende Ordnung bestätigt und der Antrag der Predicanten abgelehnt. Dagegen lag eine Concession darin, daß man die Abendmalfeier zwar nicht allmonatlich, aber doch viermal im Jahr zu halten beschloß. Die übrigen Artikel, heißt es im Ratsprotokoll, giengen

---

1) ibid. 161. Davantage, pour ce quil y a grandes suspicions et quasi apparances evidentes, quil y a encore plusieurs habitans en celte ville qui ne se sont aulcunement renge a l evangille, mays il contredisent tant quil peuvent, nourissant en leur cueur toutes les supersticions competantes contra la parolle de Dieu, ce seroyt une chofe bien expediente de commencer premierement a cognoestre ceux qui se veulent advouer de lesglise de Jhesucrist ou non. — — Le remesde donq que avons pense a cecy est de vous supplier que tous les habitans de voftre ville ayent a fere confession et rendre rayson de leur foy, pour cognoestre lesquelz accordent a l evangille et lesquels ayment mieux eftre du royaulme du pape que du royaulme de Jesucrift. Ce seroyt donq un acte de magiftratz creftiens, si vous, Messieurs du conseil, chascun pour soy, faysiez en voftre conseil confession, par laquelle on entendist que la doctrine de voftre foy eft vrayement celle par laquelle tous les fidelles sont unis en une esglise; car par vostre exemple vous monstreriez ce que un chascun auroyt a faire en vous ensuyvant; et apres ordonniez aulcuns de voftre compagnie, qui estans adjoinct avecq quelque miniftre, requiffent ung chascun de fayre de mesmes; et cela seroyt seulement pour celte foys, pourtant que on na poent encores discerne quelle doctrine ung chascun tient, qui eft le droict commencement d une esglise.

durch so wie sie geschrieben sind.[1]) Wie es dabei zugegangen ist, darüber bleiben wir völlig im Dunkeln; ein Blick auf die folgenden Begebenheiten berechtigt uns zu der Vermutung, daß der Beschluß ohne Ueberlegung und ohne eine Ahnung von der Bedeutung des Gegenstandes gefaßt worden ist.

3.
Das Glaubensbekenntniß im Kampf der Parteien.

Weder von der Regierung, die im Januar 1537 die Anträge der Predicanten genehmigte, noch von der im Anfang des Februar erwählten neuen Regierung, in welcher die Partei Sept, also die kirchenfreundlichere, das Ruder führte, war Widerstand oder nur Abneigung gegen die Ausführung des Beschlossenen zu erwarten. Vor und nach dem Regierungswechsel ergiengen Verordnungen, die einen correct kirchlichen Standpunkt bezeugten;[2]) gegen den Gebrauch von Rosenkränzen und dergleichen, für den Besuch der Sonntagspredigt; Messe hören wird bestraft. Excesse werden verfolgt. Vielleicht lag es an den Predicanten selbst, daß zunächst wenig für die Artikel geschah. Calvin schrieb[3]) den Katechismus.

---

1) Ratsprot. 1537 Jan. 16. Opp XXI 206. Icy eft efte parle et sont estes leuz les articles donnes par M. G. Farel et les aultres predicans. Est arreste mettre en conseil de 200 noſtre advys, queſt que de la cene se falle quattres foys lan, que le batesme se doege faire tous les jours en la congregation, que les mariages se doegent annoncer trois dimenches et exposer tous les jours en la congregation, et quil y aye ung homme de bien auquel lon se addreffera pour cognoiftre les maries pour leur signer leurs anunces, tellement que personne ne soit anunce ny expose, quil ne soit cogneu; aulli pour eviter le broillement que lon se preſente aujourduys a ung, demain a ung aultre pour anuncer. Des caules matrimoniales nous en demorons quelles soyent cogneues en conseil ordinaire sans app°ⁿ mais premierement lon en aura conferance avecque les prescheurs et miniftres pour se guyder jouxte la parolle de Dieu. La reste des articles eſt paſſe ainſin quil sont excripts, adjoinct que lon deffende aux femmes obstetrices de ne baptiſer point. — Conſeil des Deux-Cents. Icy sont efte leus les articles et la resolution sus faicte en conſeil ordinaire et eſt arreste que l arrest du conseil ordinaire eſt bien. — Folgen Verordnungen über Kirchen- und Sittenpolizei.
2) Ratsprot. 1537 März 8. Opp. XXI 208. — R 1 25, 26, 30, 31, 34.
3) Rilliet l. c. XXII. XXXII. ist der Meinung, Calvin habe den Katechismus schon vor der Verhandlung vom 16. Januar geschrieben, da er bereits einen Monat später gedruckt gewesen sei. Mir scheint an sich die eine wie die andere Annahme möglich. Aber näher liegt die Annahme, daß die Predicanten zuerst das Bedürfniß einer briefve somme et facile de la foy creftienne anerkennen lassen und sie dann abfassen; nicht umgekehrt. Rilliet dagegen läßt sich durch die irrige Ansicht leiten, daß die Artikel vom 10. November identifch seien mit den Januar-Artikeln. l. c. XV.

der in der Denkschrift als ein Bedürfniß für den Kinderunterricht bezeichnet worden war; er wurde angenommen,[1]) wir wissen nicht wann, und der regelmässige Religionsunterricht auf Grund desselben begann. Ein Auszug daraus sollte als die Bekenntnißformel dienen,[2]) welche man für die in der Denkschrift verlangte Prüfung der Zugehörigkeit zu der Genfer Kirche gebrauchen wollte. Im Februar hatten die Predicanten in Lausanne und Bern mit Caroli zu kämpfen;[3]) im März machte ihnen in Genf der Antitrinitarier Claude d'Aliod zu schaffen;[4]) dann folgte der harte Kampf mit den Anabaptisten.[5]) Erst am 15. März hören wir von einem durch Farels und Calvins Erscheinen im Rat hervorgerufenen Beschluß,[6]) das Abendmal und den andern Inhalt der Artikel ins Werk zu setzen; man „will die Artikel in Ausführung bringen." Aber es dauert wieder fünf Wochen lang, ehe die Sache neuerdings zur Sprache kommt. Am 17. April wird beschlossen, die Bezirksvorsteher und andere sollen von Haus zu Haus gehen, die Glaubensartikel vorzulegen; am 27. April werden 1500 gedruckte Exemplare des Glaubensbekenntnisses an die Bezirksvorsteher zur Verteilung überwiesen und der Druck von einer weiteren Anzahl von Exemplaren beschlossen.[7]) Hiermit endlich, nach

---

1) Daß er dem Rat vorgelegt worden und von ihm genehmigt worden sei, wird nirgends erwähnt. Der Titel der französischen Ausgabe (das Original war wahrscheinlich lateinisch und blieb zunächst ungedruckt), die nach Calvins Aussage im Brief an Grynaeus 1537 Juni (II IV 240), wenn wir sie richtig verstehen, schon Mitte Februar gedruckt vorlag, heißt Instruction et confession de foy dont on ufe en l'eglife de Geneve. Daraus würde hervorgehen, daß diese Schrift, schon ehe sie gedruckt war, in dem Gebrauch der Kirche sich befand. Daß aber ein Act der Annahme seitens der Genfer Kirche vorhergegangen ist, bezeugt der Titel der lateinischen Ausgabe von 1538: Catechismus sive chriftianae religionis institutio, communibus renatae nuper in evangelio Genevensis ecclesiae suffragiis recepta.
2) Auf dem Titel der Confession steht: extraicte de l'Inftruction dont on ufe en l'eglife de la dicte ville. Rilliet l. c. lij schreibt Calvin die Abfaffung diefes Auszugs zu, die Straßburger Herausgeber XXII 10 sqq. halten die alte Meinung fest, daß Farel der Verfaffer sei.
3) Die Genfer Geiftlichen an die Berner Geistlichen 1537 Febr. — Calvin an Megander, Genf 1537 Februar. — Megander an Bullinger März 8.
4) Farel an Capito, Genf 1537 Mai 5. II V 437. — Fabri an Farel, Thonon März 2.
5) Ratsprot. 1537 März 9—19. Opp. XXI 208—210.
6) Ratsprot. 1537 März 13. Opp. l. c. Sus ce que a propose M° Farel et Cauvin eft resolu de mettre ordre a la sene et autres choses des articles. Ton faira observer les articles en plent.
7) Ratsprot. 1537 Apr. 17. Opp. XXI 210. Des articles touchant la foys az efte resolus que lon doibge aller par les maisons de dizenne en dizenne et leur proposer lesdits articles et il doibge affifter ung sindicque accompagnes du capitaine la dizenne et des autres. — Apr. 27. Touchant a la confeffion de noftre foy eft concluz que lon les pregniez ce que Wigan naura

drei Monaten, scheint die Ausführung in Gang zu kommen. Aber gleich stockt es wieder. Am 1. Mai erinnern Farel und Calvin im Rat an die Förderung der Sache und erhalten die zweideutige Antwort: man wird thun was man kann.[1]) Es vergeht wieder geraume Zeit, im Mai und Anfang Juni erheischen Synodalgeschäfte die Anwesenheit Farels und Calvins zu Lausanne und Bern;[2]) aber auch weiter geschieht nichts. Endlich, Ende Juli.[3]) mehr als ein halbes Jahr nach den Januarbeschlüssen. dringen Farel und Calvin mit Nachdruck auf die Entscheidung der beiden Fragen, Bekenntniß und Kirchenzucht. Am 27. Juli stehen sie vor dem Kleinen Rat, am folgenden Tag kommen sie wieder. am 29. muß sich der Große Rat versammeln um sie zu hören: Calvin. Farel und ein dritter Predicant. der blinde Augustinermönch Elie Coraud. sprechen den Herrn ins Gewissen.

imprimer et luy en fere ancore imprymer et les luy poyez et les lyvre aus disainnes pour les livre a seuls de leur dysainnes affin que lon vysytera que le peuple soyt myeuls informe et luy atton fet ung mandement de 6 coppes fromen an dedusyon et naz lyvre 1500.
1) Ratsprot. 1537 Mai 1. Opp. XXI 211. Icy eft efte aoys M̅e G. Farel et Cauvin sus avoir ung prescheur a Thiez. Item de suyvre les articles de la foy. — — Item des articles lon advise de suyvre le mieulx que se porra.
2) Megander an Bullinger und Jud. Bern 1537 Mai 22. — Der Rat von Bern an den Rat von Lausanne Juni 7. — Calvin an S. Grynaeus. Bern 1537 Juni 7 oder 8.
3) Ratsprot. 1537 Juli 27. Opp. XXI 213. Icy sont efte M̅e G. Farel et Cauvin. faist groll- admonition de mettre en exequution l arreft sus l admonition des gens etc. — Eft resolu que l admonition et correction sois faict et applique aux seigneurs de seans et que ainsy quil revel- leront quelcung ayant offense lon le revelle seans et seans l on le fera et sera corrige. — Juli 28. Sus l admonition des prescheurs eft arrefte avoir demain le deux cents. — Juli 29. Conseil des Deux-Cents. Juxta hefternum arreftum petuntur predicantes Farellus et Calvinus cum ceco Corello. Admonent instant fiant excommunicatio et confellio ut alias fuit paffatum, et que lon doege deputer des gens de seans pour enquerir et admoncfter ceulx qui se trouvent offenser Dieu et que soit faicte confellion par tous ceulx de la ville comment il veulent vivre. difans les articles aultres- fois eltre palles. Eft arrefte que lon doege appelle tous les dizennier et premierement scavoir de eulx leur confeflion et sil veulent vivre comme desja eft la confeffion publice et ceulx quil ne seront cogneus suffisants soyent oftes et mys d aultres suffisans. Des la leur sera donnee charge de tenir main sur ceulx de leur dizenne et ceulx quil verront ne suyvre les commandementz, de Dieu il les exortent et si ne se amendent que le dizennier en prenne deux ou trois avecque soy et les exorteut avecque commination que aultrement il le revelleront a la juftice et puys le reveller sil ne se chastient et la juftice doege proceder selon le merite du cas a bannifflement. De la con- fellion, que lon donne ordre faire que tous les dizenniers amerront leurs gens dizenne par dizenne en lesglise S. Pierre et la leur seront leuz les articles touchant la confeflion en Dieu et seront interrogues sil veulent cela tenir: aully sera faict le serment de fidelite a la ville. — Der Schluß lautet als wenn man keinen Schwur für die Confeffion verlangte. Aber der Schwur ist verlangt und geleistet worden.

Die lange Zögerung hat ihren Grund nicht in einer Aenderung der Gesinnung des Rates gehabt, der im übrigen im Sinne der Predicanten seines Amtes waltete, die neue Secte der Anabaptisten so unnachsichtig wie bisher die Katholiken verfolgte, die Förderung der evangelischen Schule im Auge behielt, und unter dessen Schutz Predigt und Vorlesungen, der Religionsunterricht der Kinder, die Erbauung der Gemeinde einen ungestörten Fortgang nahmen, so daß die beiden Kirchenhäupter an dem sichtbaren inneren Wachsthum der Kirche ihre Freude hatten.[1]) Vielmehr lagen Bedenken in der Sache selbst. Im Mai als das Schwanken des Rates offenbar wurde, schrieb Farel in einer Antwort an Capito in Straßburg, der, wie es seine Art war, nach einer besseren Kirchenzucht für alle Evangelischen geseufzt hatte, von der Kirchenzucht, die man im Begriff gewesen in Genf einzuführen.[2]) „Wir waren daran, es sollten fromme Männer gewählt werden, um in Gemeinschaft mit den Dienern des Wortes die öffentlichen Sünder einmal, zweimal zu ermahnen; dann sollten sie durch die Versammlung ermahnt, und, wenn sie nicht hören, gleich Heiden geachtet werden." Wir bemerken, daß er hinzufügt: „unbeschadet der Befugniß der Obrigkeit in weltlichen Dingen." „Aber du weißt, die Menschen behandeln das Göttliche nicht mit vollkommnem Glauben, alles geschieht langsam, um nicht zu sagen allerlangsamst. Wir drängen, aber nicht nach Gebühr. Möge Christus uns rascher zum Ziele bringen; möge Christus verleihen, daß in allem nicht menschliche Klugheit, sondern allein das Wort Gottes den Ausschlag gebe"! Der Sinn ist klar: die Obrigkeit steht nicht feindlich gegenüber, aber die menschliche Klugheit, will heißen, die Rücksichten der Politik hindern die Erfüllung der clericalen Wünsche. Wir denken, man konnte sich der

---

1) Calvin und Farel an Bullinger. Basel 1538 Juni. Sie vergleichen den Zustand der Genfer Kirche vor ihrer Verbannung mit dem späteren: ut disciplina, quae illic mediocris nuper apparebat, cogebat acerrimos religionis noftrae adversarios dare Domino gloriam, ita etc.
2) Farel an Capito 1537 Mai. II V 441. Quod cupis clavium ufum, quo contineatur ecclefia, revocari, hoc faxit Chriftus! In hoc eramus qui hic docemus, ut, iuxta praeceptum Chrifti, publice offendentes ecclefiam et qui admonendi sunt, delectis aliquot probis cum miniftris, admonerentur semel atque iterum, tandem per coetum; quod si non audirent, ut ethnici haberentur, relicta gladio sua semper poteftate in omnes qui civilibus iuffis non obtemperarent. Sed, ut nofti, divina ab hominibus non fide perfecta curantur; lente fiunt omnia, ne dicam lentiffime. Nos urgemus, sed non pro dignitate. Quam procul a meta cursus est, quem det Chriftus ut ocior sit et ad metam propior, totus propendeat non a prudentia hominum, sed a simplici verbo Domini!

Einsicht nicht verschließen, daß die Januarbeschlüsse, wenn sie unverändert zur Ausführung gelangen, der Obrigkeit an ihrer Macht Abbruch thun, ja sie wohl gar in Abhängigkeit von der kirchlichen Leitung bringen werden; und wenn man geneigt war über diese Bedenken hinwegzusehen, so verfiel man der schonungslosen Kritik der Gegenpartei.

Am 27. und 29. Juli fällt die Entscheidung, und zwar nicht im Sinne der Predicanten. Der Beschluß des Kleinen Rats am 27. nimmt Anzeige und Bestrafung der Sünder für die weltliche Obrigkeit in Anspruch. Noch deutlicher sprechen die Zweihundert am 29. Juli: Den Bezirksvorstehern soll Auftrag gegeben werden, auf ihre Bezirksgenossen zu achten, sie sollen die Sünder erst allein, dann im Beisein von zwei bis drei anderen ermahnen, dann der Obrigkeit anzeigen, und die Obrigkeit soll nach Befund der Sache bis zur Verbannung gehen. Damit ist der Antrag der Predicanten abgelehnt: an Stelle der frommen Männer sind weltliche Beamte, an Stelle der Kirche die weltliche Behörde, an Stelle der Excommunication die Strafe der Verbannung getreten; nicht Kirchenzucht, sondern eine Ausdehnung der Polizeigewalt auf die Sünden der Bürger ist der Inhalt des neuen Gesetzes.

Auffallend ist, daß die gleichzeitig gegebene Entscheidung über die Bekenntnißfrage im ganz entgegengesetzten Sinne ausfällt. Man beschließt am 29. Juli, daß die Bezirksvorsteher vorgeladen und gefragt werden sollen, ob sie für ihre Person das veröffentlichte Bekenntniß annehmen wollen; wer sich als nicht tauglich erweist, soll entfernt und ein anderer an seine Stelle gesetzt werden. Dann haben die Bezirksvorsteher ihre Leute, einen Bezirk nach dem anderen, zu S. Peter in die Kirche zu führen, wo die Artikel des Bekenntnisses vorgelesen und sie zur Erklärung aufgefordert werden sollen.

Wir vermuten, daß diese Beschlüsse in der Bekenntnißfrage, die gewiß nicht zu geringeren, wenn auch zu anderen Bedenken Anlaß gab als die Kirchenzuchtartikel, nur darum zur Annahme gelangten, weil der Rat in dieser Sache bereits seit längerer Zeit zur That geschritten war, und die eigenen Handlungen nicht zurücknehmen oder verleugnen konnte, ohne sein Ansehen empfindlich zu schädigen.

Es war sogar die Bekenntnißfrage nicht ohne Zuthun des regierenden Rates zu der gefährlichen Gestalt gediehen, in der sie jetzt vorlag. Als nämlich die Frage zuerst aufgeworfen wurde, in der Januardenkschrift, erscheint das geforderte Bekenntniß als ein Mittel, diejenigen, welche dem Reich des Papstes anhangen, zu unterscheiden und von der evangelischen Kirche Genfs abzusondern, insbesondere sie von dem Abendmal auszuschließen. Dieß war verhältnißmäßig leicht und einfach zu erreichen, ohne eigentliches Glaubensbekenntniß, vielmehr durch ein paar kurze Fragen. Ob freilich auch dieß nicht schon zu weit gieng, und ob nicht vielmehr die anderen evangelischen Städte klüger und doch nicht weniger christlich handelten, indem sie es dem Gewissen eines jeden überließen, ob er an dem evangelischen Abendmal Teil zu nehmen vermöge, soll dahin gestellt bleiben. Eine Veränderung der Sachlage wurde dann dadurch herbei geführt, daß die Predicanten eine Formel eines solchen Bekenntnisses anfertigten, in welcher sich Ausdrücke wie „die vermaledeite und teuflische Messe des Papstes" fanden,[1]) die es nun nicht bloß den Katholiken, sondern auch all denen, die den Uebergang zu dem neuen Evangelium in ihrem Herzen noch nicht ganz zu Ende gebracht hatten, schwer oder unmöglich machten, ja zu sagen; und welche Formel ausserdem so umfangreich ausgefallen war, daß nicht bloß Katholiken und auch nicht bloß die neuen Anabaptisten, sondern gar viele andere mit ihrem durch die Stürme der Zeit erschütterten Glauben es vorziehen mochten, dem Ja vorläufig und auf geraume Zeit aus dem Wege zu gehen. Zu einer weiteren Aenderung kam es dann dadurch, daß der Rat diese Formel genehmigte, in Druck geben und auf dem Titel zu dem Worte „Glaubensbekenntniß" hinzufügen ließ: „welches alle Bürger und Einwohner Genfs und alle Unterthanen vom Lande schwören müssen zu beobachten und zu halten." Also jetzt wird nicht mehr bloß eine Erklärung mit ja und nein, sondern ein Schwur gefordert und dadurch alle Gewissensbedenken des einzelnen ausserordentlich verschärft. Und alle Genfer müssen schwören! Nicht bloß die, welche zu der evangelischen Kirche gehören wollen und die Teilnahme am evangelischen Abendmal

---

1) Das französische Original des Glaubensbekenntnisses ist durch H. Bordier entdeckt und von Rilliet und Dufour in demo ben angeführten Werke zum ersten mal veröffentlicht worden. Der Titel lautet: Confeßion de la Foy, laquelle tous bourgeois et habitans de Geneve et subjectz du pays doyvent iurer de garder et tenir etc. — p. 116. Or d'aultant que la meffe du pape a efte une ordonnance mauldicte et diabolique pour renverser le miftere de cefte saincte cene, nous declairons qu'elle nous eft en execration comme une idolatrie condamnee de Dieu.

begehren. Wer aber nicht schwört, der widersteht nicht allein dem Evangelium, sondern auch dem Gebot der Obrigkeit, hat Strafe zu erwarten und wird vielleicht schließlich der Vaterstadt den Rücken kehren und ins Elend wandern müssen.

Calvin hat es einige Monate später notwendig gefunden sich dem evangelischen Ausland gegenüber zu rechtfertigen.[1]) „Alle wollten, sagte er, am Abendmal teilnehmen, obwohl der Glaube der Mehrzahl uns unbekannt und sogar meistenteils verdächtig war, so daß ihnen statt des Sacramentes der Zorn Gottes zu Teil wurde. Und macht sich nicht auch der Hirt selbst, der ohne Unterscheidung dieß Geheimniß verwaltet, der Verunehrung desselben schuldig? Darum haben wir kein anderes Mittel gefunden, unser Gewissen zu beruhigen, als von denen, die als Glieder des Volkes Christi gelten wollten und die Zulassung zu dem geistlichen Male begehrten, zu verlangen, daß sie durch eine feierliche Erklärung sich unter das Banner Jesu Christi stellten. Aber diese Erklärung, sagt man, ist ja schon in der Taufe gegeben. Allerdings, aber alle waren diesem Gelöbniß ungetreu geworden; und wer seine Fahne im Stich gelassen hat, kann sich nicht mehr auf den Eid berufen, den er gebrochen hat. Auch fehlt uns nicht Beispiel und Zeugniß der hl. Schrift. Trug nicht das Volk, welches Moses zu einem neuen Bunde einlud, bereits das Zeichen von dem Bunde der Beschneidung? Ist nicht eine Erneuerung des Bundes seitdem vollzogen worden durch die heiligen

---

1) In dem Vorwort zu der lateinischen Ausgabe des Katechismus und der Confession, die im März 1538 zu Basel erschien. Opp. V 319. Si quando autem alias nos anxios habebat haec sollicitudo, tum vero acerrime urebat ac discruciabat, quoties distribuenda erat Domini coena. Quum enim multorum dubia nobis foret et maxime etiam suspecta fides, omnes tamen promiscue irrumpebant. Et illi quidem iram Dei vorabant potius, quam vitae sacramentum participabant. Atqui an non ipse quoque paftor tantum mysterium profanare credendus eft, qui delectum in eo communicando nullum habet? Quare non alia lege pacem ac quietem obtinere cum noftris ipsorum conscientiis potuimus, quam ut solenni profeffione nomen Chrifto darent, qui in eius populo censeri atque ad spirituale sacrosanctumque illud epulum admitti vellent. Id in baptismo, inquiunt, semel factum fuerat. Sed nemo non defecerat a baptifmi profeffione. Si militiae desertori primum sacramentum, quod perfidia sua violavit, sufficere autumant, verbum pro caufae noftrae patrocinio non faciemus. Sin ipse quoque sensus communis aliud dictat, omni calumnia liberamur. Neque vero aut illuftribus exemplis aut scripturae etiam suffragio destituimur. Circumcifionis foedus habebat in corpore suo impreffum populus, quem ad novum foedus pacifcendum Moses exhortatus eft. Eadem foederis renovatio a sanctis regibus Josia et Afa, eximiis poftea libertatis vindicibus, Esra et Nehemia facta eft. Cui iam criminationi patere factum noftrum poteft, tot claffibus autoribus munitum?

Könige Josias und Asa, durch die bewundernswerthen Vertheidiger der Freiheit Esras und Nehemias? Das sind Autoritäten, die hinreichen, unser Verfahren von allem Tadel zu reinigen."

Wir dürfen zweifeln ob irgend jemand außer Farel und den Frommen der Gemeinde an diesen Gründen ein Genügen fand. Der Zustand der Seelen in Genf, der Calvins ungeduldigen Eifer erregte, war kein andrer als überall wo man bisher der Reformation sich angeschlossen hatte, und doch hatte man nirgends eine so gewaltthätige Maßregel ergriffen. Calvin aber hat anzuführen versäumt, warum gerade Genf allein zu einem neuen Volke Moses erkoren oder dazu bestimmt sein solle, das Andenken Josias und Nehemias zu erneuern, und zum Lohn dafür Verwirrung, Auflehnung und eine dauernde tiefe Verstimmung unter den Bürgern einzuerndten.

Calvin erzählt freilich:[1] „Unsere Bitte war so berechtigt, daß man uns ohne Schwierigkeit bewilligt hat, daß die Einwohnerschaft Genfs, Bezirk nach Bezirk, zusammengerufen wurde, um das Glaubensbekenntniß zu beschwören; und der Eifer derselben, den Eid zu leisten, war so groß, wie der Eifer des Rats, den Eid zu befehlen." Allerdings ist der Beschluß vom 29. Juli ausgeführt worden, und erst der Rat selbst, dann ein Bezirk nach dem anderen. Wochen lang, sind die Genfer in S. Peters-Kirche geführt worden und haben den Eid geschworen. Aber was weiter geschah, erwähnt Calvin an jener Stelle nicht, obgleich er es wußte und obgleich, wenn er es nicht hinzufügte, seine Erzählung nicht der Wahrheit entsprach.

Die heftige Erregung, von der die Genfer Bürgerschaft im Herbst 1537 ergriffen wurde, hat in den Acten wenige, aber deutliche Spuren hinterlassen. Am 19. September empfängt der Große Rat die Meldung, daß alle Bezirke aufgefordert worden, — also die befohlene Procedur beendigt sei —, daß aber viele Bürger und Einwohner nicht erschienen

---

[1] l. c. Opp. V 320. Tanta igitur necessitate adacti, senatum ea de re nostrum appellavimus, et oblata confessionis formula impense rogavimus, ut ne dare Domino gloriam in profitenda eius veritate gravaretur. Aequum esse, ut in actione tam sancta populo suo praeirent, cui se omnis virtutis exemplar esse oportere noverat. Quae erat postulati nostri aequitas, facile impetravimus, ut plebs decuriatim convocata in confessionem istam iuraret. Cuius in praestando iuramento non minor fuit alacritas, quam in edicendo senatus diligentia.

seien; und faßt darauf den Beschluß, die Aufforderung sei zu wiederholen und im Falle der Weigerung die Weisung hinzuzufügen, sie sollten anderswo ihren Aufenthalt nehmen.¹) Das sei ein Bruch der städtischen Freiheiten, sagen Lullin und Jean Philippe beim Hinausgehen aus der Ratsversammlung; eine Aeußerung, die sogleich zur Anzeige kommt und eine Untersuchung zur Folge hat.²) — Ende September kommen Farel und Calvin von einer Berner Synode zurück, kündigen am 5. October im Rat das Abendmal an, das seit den Januarbeschlüssen für den September bestimmt war, und stellen zur Erwägung, wie man es in Betreff derer die auf Spaltung ausgehen, wie die Wiedertäufer, und derjenigen, die noch Rosenkränze im Gebrauch haben, halten solle. Man sieht, die Predicanten wollen wieder auf die Excommunication hinaus. Aber der Rat hält an der Ablehnung fest: die Predicanten sollen, beschließt er, bei der Ankündigung des Abendmals das Volk ermahnen, niemand ausschließen, die Verdächtigen der Obrigkeit anzeigen.³) — Dagegen drängt Calvin am 30. October mit mehr Erfolg auf die Eidesleistung; man solle die Gefahr bedenken, wenn zweierlei Leute in der Stadt wären, beeidigte und nicht beeidigte. Es wird beschlossen nochmals zum Eid aufzufordern.⁴) Die neue Handlung wird auf den 11. November anberaumt. Aber am 12. empfängt der Kleine Rat den Bericht: es seien mehrere gekommen, andere nicht, insbesondere von der rue des Allemands keiner; ein Bezirksvorsteher sei bei der Ankündigung mißhandelt worden. Darauf beschließt der Kleine

---

1) Ratsprot. 1537 Sept. 19. Opp. XXI 215. Icy est este propose comment les dizennes sont este toutes demandees, et toutesfois beaucoup il en a que ne sont point venus iurer. Surquoy est arreste que lon les demande et si refusent lon leur dise quil allent vivre aultre part sil ne veulent iurer.

2) Ratsprot. 1537 Sept. 21. R 1 45.

3) Ratsprot. Oct. 5. Opp. XXI 215. Icy sont eltez Mᶜ G. Farel et Causin que hont annunce que de dimenche prochain en vuyt iours il veulent minittrer la sena et que lon seroit y advifer, car il y a des gens quil tiennent division comment katabaptistes, sus lesquelz seroit bon y advifer: aully il y a quil tiennent encore des chappeletz instrument de ydolatrie. Surquoy est resolu premierement faire livrer et oster tous les chappeletz: item faire de avoir par escript des prescheurs les noms de ceulx quil suspeconne: item dire aux prescheurs que de la cene quil la annunce exortant le peuple sans getter hors de chemin; seans seroit demandes les sufpiconnez pour enquerir sur eulx.

4) Ratsprot. Oct. 30. Opp. XXI 216. Calvinus a propose que queftion se porroit engendrer entre les citoyens a caufe que auicungs hont iure le mode de vivre les aultres non. — Sur ce est arrefte que lon face faire la confeffion a ceulx quil ne lhont faict.

Rat: den Widerspenstigen zu befehlen, die Stadt zu räumen und anderswo hinzugehen, wo sie nach ihrem Belieben leben könnten. Und dieser Beschluß wird am 15. vom Großen Rate genehmigt.[1])

Jetzt war der Zeitpunkt gekommen, wo die Hartnäckigkeit, mit der Calvin und die mit ihm verbündete Partei Sept an ihrem großen Mißgriff festhielten, das Gemeinwesen in die gefährlichste Krise führte. Es war nicht daran zu denken, den grausamen Befehl auszuführen, und indem dieß offenbar wurde, fiel Macht und Ansehen der Regierung zusammen. Die Partei Philippe hatte die kirchlichen Beschwerden adoptirt, und weil sie damit zugleich alle anticlericalen Elemente an sich zog, stand sie mächtiger als jemals da. Es handelte sich nicht mehr bloß um Abwehr des Unrechts, sondern um den Sturz der Regierung, der man Verletzung des städtischen Rechtes und überhaupt ein Ueberschreiten ihrer Befugnisse vorwarf. Die Opposition rief nach einer allgemeinen Bürgerversammlung, und auch die Regierung, in dem plötzlich über sie hereingebrochenen Gefühl der Ohnmacht, griff nach diesem letzten Mittel, um einen Ausweg zu finden. Auf ihren Antrag beschloß der große Rat am 23. November eine allgemeine Versammlung, die ohnehin für einen Streithandel mit Bern politischen Charakters erforderlich war,[2]) auf den 25. zu berufen.[3])

---

1) Ratsprot. Nov. 12. Opp. XXI 216. Icy eft propose comment hier furent demandes les gens dizenne par dizenne quil navoyent encore faict le serment de la reformation et plusieurs veinrent et les aultres non, et mesmement ceulx de la rue des Allamans desquelz neft veny pas ung. Arrefte que leur soit faict commandement que sil ne veulent tielle reformation iurer quil vuydent la ville et allent aultre part demorer ou il vivront a leur plaisir. — Nov. 15. Conseil des Deux Cents. Icy eft auffy propose comment il y en a plusieurs quils sont eftez demandez a venir a la congregation a S. Pierre quil ne sont point voulsus venir. Surquoy le conseil ordinaire a arrefte de leur faire commandement de ruyder la ville puys quil ne veulent obeir. Surquoy icy eft resolu celuy arreft eftre bon. — R I 47.

2) R I 49.

3) Ratsprot. 1537 Nov. 23 R I 48. Le 23. Novembre il convoque le Conseil des Deux Cents pour aviser aux circonstances et fait savoir qu'il a rédigé certaines remontrances et exhortations qu'il a l'intention de lire devant le peuple. Le Conseil des Deux Cents décide qu'un Conseil général sera tenu le surlendemain dimanche et qu'il y sera donné lecture de l'allocution du Petit Conseil. A ce propos, un des membres observe, .qu'il y a par la ville des gens mutinans qui disent que toutes choses en cefte ville doivent eftre vuidées en Conseil général." Un autre dit „que ce sont troubles qui viennent d'aulcunes gens pour deux chofes: que les uns convoitent d'eftre gouverneurs, que les aultres sont petits compagnons portés d'aulcuns des gros et ne veulent eftre corrigés."

An diesem Tage eröffneten die Syndics die Versammlung[1]) mit der Verlesung einer weitläufigen Denkschrift, in welcher die Regierung, ohne auf die kirchlichen Fragen einzugehen, die von der politischen Opposition gegen sie gerichteten Anklagen und Verdächtigungen zurückweist; sich erbietet, Strafe zu leiden, wenn man ihr nachweise, gefehlt zu haben; und unter Klagen Ermahnungen Warnungen zu der feierlichen Frage gelangt, ob man ferner sie für Syndics und Rat ansehen und sie im Amte halten wolle, mit der Gewalt zu richten und zu strafen. Daran knüpfte der Redner die Aufforderung: kommt einer nach dem anderen und sagt ja oder nein. Die Syndics rechneten auf das Herkommen, dem gemäß in der allgemeinen Versammlung nicht debattirt wurde, und wohl auch auf die natürliche Befangenheit des Einzelnen, der ja oder nein sagen sollte. Aber dießmal kam es anders. Es war als ob die Schleußen geöffnet worden wären, so dicht und unaufhörlich folgten sich die Vorwürfe und Klagen. Die Aufforderung der Syndics wurde stillschweigend bei Seite geschoben, dagegen wagte Jean Philippe, im Gefühl seiner Macht an der Spitze der Opposition, den ganz unerhörten Vorschlag zu machen: es solle ein Ausschuß von 25 erwählt werden, um alle Klagen zu verhören, — also ein Schiedsgericht zwischen Obrigkeit und Unterthanen! „Wollt ihr Leute über uns haben?" riefen die Syndics. „Nein", antwortet Jean Philippe, „aber die allgemeine Versammlung steht über allen, nicht wahr ihr Herrn", so wendet er sich an die Versammlung, „so wollt ihr es, der Gemeinrat über alles?" „Ja ja", kam von allen Seiten die Antwort.

Nun wußten die Syndics wohl einer Beschlußfassung über Jean Philippes Vorschlag auszuweichen, aber thatsächlich lag, ohne förmliches Urteil, die vollkommene Niederlage der Regierung vor aller Augen. Wenige Tage später folgt die Capitulation. Denn diese Bedeutung hat es, wenn am 5. December der Syndic Goulaz über eine durch Jean Philippe ihm zugefügte Beleidigung klagt und seine Verhaftung bewirkt, dann der Syndic Curtet die nach Genfer Recht übliche provisorische Freilassung des Gefangenen auf Caution abschlägt, hintendrein aber der Rat im Gefühl seiner Schwäche und aus Furcht die Sache damit aus der Welt

---

[1]) Ratsprot. Nov. 25. Der ausführliche Auszug bei R I 49—53.

schafft, daß er die beiden Gegner Goulaz und Philippe in der Sitzung des 10. December zu feierlicher Versöhnung anhält.¹) Es ist nämlich der gewöhnliche Verlauf der Parteikämpfe in Genf, daß die herrschende, aber in die Enge gedrängte Partei durch eine Versöhnung der Häupter gleichsam die officielle Anerkennung des Gleichgewichts der Kräfte ausspricht und an die friedliebende Gesinnung der Gegner appellirt. Doch wir kehren zu der kirchlichen Frage zurück! Es versteht sich, daß ihr vorzüglich die Opposition den Sieg zu verdanken hatte. Gerade in der Versammlung vom 25. November waren die Klagen der Einzelnen vor allem gegen Farel, Porral, die Porrets, wie man nach ihm seine Gesinnungsgenossen nannte, und gegen den erzwungenen Eidschwur gerichtet gewesen. Dabei kam ein Vorfall zur Sprache, der sofort zum Angelpunkt des ganzen kirchlichen Streites wurde. Man berief sich nämlich auf eine sehr abfällige Aeußerung über das Bekenntniß, welche von den Berner Gesandten herrührte, die um politischer Verhandlungen willen vor kurzem in der Stadt sich aufgehalten hatten. Wer dieß Bekenntniß beschwöre, hatten die Herrn bei Tische in einer Gesellschaft gesagt, schwöre einen Meineid, denn in dem Bekenntniß beschwöre man unter anderem auch die demselben einverleibten Zehn Gebote, und damit schwöre man zu halten, was keinem Menschen zu halten möglich wäre. Diesen Einwurf zu entkräften, wurde nun wohl den Predicanten nicht schwer; aber die Bedeutung der Aeusserung lag darin, daß sie als Beweis genommen wurde dafür, daß die Berner Regierung Eid und Bekenntniß mißbillige und den Standpunkt der Opposition teile. Farel, der vor die allgemeine Versammlung geladen, aber nicht gefunden worden war, erschien Tags darauf, von Calvin begleitet, im Großen Rat, wo die Sache besprochen und darauf der Beschluß gefaßt wurde: die Predicanten müßten dafür sorgen, die Sache ins reine zu bringen.²) Sofort eilten

---

1) Ratsprot. Dec. 5—10. R I 59. 60.
2) Ratsprot. Nov. 26. Opp. XXI 217. Sur cecy eft auffi dict comment les derniers commys que sont efte icy de Berne hont dict quil leur semble que ceulx qui hont cela iure soyent parius. Lesdicts predicans disent quil se offre maintenir cela pour la vye aisin quil eft escript, demandans quil vouldroient bien eftre informez s il eft ainsy quil ayent dict. Surquoy M. le sindicque Curtet dit quil le luy hont dict en table ou eftoient plusieurs gens. Jo. Lullin dit quil a aoys de eulx comment dict eft. Surquoy eft efte arrefte, dire aux dietz predicans quil adrise de faire tel vuydange et donner tel ordre en ceftuy affaire que la chose aille bien. Icy il leur eft efte dict et hont respondu quil sont preft maintenir la chofe eftre selon Dieu et la saincte escripture.

beide nach Bern, und legten das Bekenntniß dort dem Rat vor. Der wies den Gegenstand an seine Geistlichkeit, die sich günstig für das Bekenntniß aussprach und eifrig ihr Fürwort einlegte. Daß sie auch den Schwur billigte, wie Calvin angibt, ist nicht wahrscheinlich, aber sie werden sich der ausdrücklichen Mißbilligung enthalten haben, weil es jetzt vor allem darauf ankam, die Collegen aus ihrer peinlichen Lage zu befreien. Der Rat richtete am 6. December ein Schreiben an Genf, worin er eine Gesandtschaft ankündigte, die dann am 8. December die Instruction erhielt: das Bedenken wegen der Zehn Gebote in dem Bekenntniß zu widerlegen, die Billigung des Bekenntnisses seitens der Berner Geistlichen mitzuteilen, und die Genfer zu ermahnen, daß sie nicht um so kleiner Ursachen willen sich zur Uneinigkeit bewegen lassen möchten.[1]) Am 10. December verkündeten beide Predicanten dem Kleinen Rat von Genf ihren Erfolg, und daß Gesandte kommen würden, um öffentlich vor der Gemeinheit zu erklären, daß jene anstößigen Worte nicht im Namen Berns ausgesprochen worden seien.[2]) Aber die Gesandtschaft kam nicht. Schon während seiner Anwesenheit zu Bern hatte Calvin, nicht ohne Argwohn, die Langsamkeit des Rats bemerkt; dann, als die Instruction fertig und die Gesandtschaft zur Abreise bereit war, genügte die Mitteilung Hugo Vandels, in Genf sei jetzt alles in guter Ruhe, um den Rat zum Gegenbefehl an die Gesandten zu veranlassen.[3]) Es wäre unvorsichtig, bei dieser und anderen Gelegenheiten Bern sofort des bösen Willens zu beschuldigen und politische Hintergedanken zu suchen: wo die wortkargen Acten den vollen Aufschluß weigern, thut man wohl daran zu denken, daß Bern allezeit den eigenen Vorteil darin finden mußte im Notfall für Genfs Selbständigkeit Wohlfahrt und inneren Frieden einzutreten, daß aber anderseits das unruhige und händelsüchtige

---

1) Der Rat von Bern an den Rat von Genf 1537 Dec. 6. Opp. X II 130. — Bern. Instruction der Gesandtschaft nach Genf Dec. 8. ib. 131. — Calvin an Butzer. Genf 1538 Jan. 12.

2) Ratsprot. 1537 Dec. 10. Opp. XXI 218. Sont revenus Guil. Farel et Cauvin de Berne et hont relferu avoir expose ce que leur commis avoient dict en cefte ville de la promeffe generalement faicte de la confeffion etc. et comment lavoir reu en conseil lhont trouvee tres bien et hont eslenz ambaffadeurs pour venir icy a caufe de cela dire devant le commun que les paroles par leurs dictz commys dictes ne sont point dictes a leur nom.

3) Der Rat von Bern an den Rat von Genf. 1537 Dec. 9. Opp. X II 133. — Calvin an Butzer 1538 Jan. 12.

Treiben des kleinen Nachbarn zuweilen den Gönner reizen mochte, seine Bedächtigkeit zu übertreiben. Die unerwartete Mitteilung, die am 13. December in Genf eintraf, versetzte die Obrigkeit in Aufregung. Sofort beschloß Kleiner und Großer Rat, Farel neben anderen Gesandten nach Bern zurückzuschicken, mit dem Auftrag dafür zu sorgen, daß die Sache ganz zu Ende gebracht, der Streit aus der Welt geschafft werde.[1]) Farel gehorchte, fand zu Bern zwar nicht mehr die dienstbeflissene Freundlichkeit wie vorher bei der dortigen Geistlichkeit,[2]) aber hatte doch den Erfolg, dessen er bedurfte. Der Rat von Bern schickte keine Gesandtschaft, — sie sollte später folgen, ist aber unterblieben, war auch nicht mehr nötig — richtete aber ein Schreiben an Genf am 28. December, das ungefähr den Inhalt der Instruction vom 8. December wiedergab, und dessen Worte so deutlich unumwunden eindringlich lauteten, daß sie den Zweck, den die bedrängte Genfer Obrigkeit im Auge hatte, vollkommen erfüllten.[3]) Schon ehe dieß geschehen war, gieng Farel nach Genf zurück und nahm in Verbindung mit Calvin die gewohnte Agitation wieder auf. Die Vorbereitung der in den Januar verschobenen Feier des Weihnachts-Abendmals gab Anlaß zu der Bitte an den Rat am 28. December, er möge sie bei der Ermahnung der Leute von schlechtem Lebenswandel unterstützen,[4]) und am 3. Januar zu der Erklärung, sie seien nicht der Meinung die mit der Kirche nicht Geeinigten zum Abendmal zuzulassen, und bäten die Herrn, sich zu äußern.[5]) Der eine

---

1) Ratsprot. 1537 Dec. 13. Opp. XXI 218. Icy eft parle de la lettre ce matin receue de Berne, revocand la derniere amballade eftoit esleue a envoyer icy a caufe de ce que leurs derniers commys avoyent dict de noftre confeffion et eft arrefte, puis que icelle ne vient, que le predicant Farel y alle pour encore adviser sur cela den parler que la chofe soit tellement resolue que nous nen venons plus a debat. — Dec. 14. Icy sont venus les predicans Farel et Cauvin a caufe de leur voyage de Berne et disent quil vouldroyent raporter au conseil de 200 leur besoigner comment hont faict ceans. Surquoy eft arrefte que iouxte larreft hier faict ledit Farel il doege aller a Berne. Dempuys eft arrefte que lon allemble pour cela le conseil de 200 a ajourdhuys. — Conseil des Deux Cents. Eft venu G. Farel aveeque Cauvin, hont expose etc.
2) Calvin an Butzer 1538 Jan. 12.
3) Der Rat von Bern an den Rat von Genf 1537 Dec. 28.
4) Ratsprot. 1537 Dec. 28. Opp. XXI 219. Mᶜ Guillaume et Cauvin ont propofe debvoir celebrer laz cenaz et aulfi prendres informacions des parolles dictes chiefz malis (soll heißen chez Manlich) et aulfi leurs allifter pour laz admonition sus les malvivans. Meffieurs on tout remis a la venus des amballadeurs
5) Ratsprot. 1538 Jan. 3. Opp. l. c. Les predicans Farel Calvinus et Corauld sont venus expose que en la cene ordonnee de Dieu ne doibvent entrer gens dissonens a lunion des fidelles

Antrag gieng auf die Kirchenzucht, und sollte vielleicht an den Beschluß vom 29. Juli erinnern, der wenigstens ein Surrogat für die von den Predicanten erstrebte Organisation aufgestellt hatte, der andere galt dem noch fortdauernden Widerstand gegen die Confession. Der Rat schob alles auf bis auf Nachricht von Bern. Als dann der Brief vom 28. December anlangte, ließ er die Dissidenten des Großen Rats, denen vorzüglich die Denunciation der Predicanten galt, Mathieu Manlich, Georges Desclefs, vorladen, ihnen den Berner Brief vorlesen und sie zum Eide auffordern, den sie jetzt wirklich leisteten. Pierre Ameaux, der in gleichem Falle war, erschien nicht. Damit waren die Predicanten zufrieden gestellt: sie hatten den Sieg errungen. Es fehlten zwar ohne Zweifel, auch außer Ameaux, noch viele Bürger und Einwohner, die den Eid nicht geschworen hatten; aber die Sache ist abgethan und weiter keine Rede mehr davon. Vom Abendmal, wird den Predicanten geantwortet, soll keiner ausgeschlossen werden. Ueber die verlangte Ermahnung der Lasterhaften ist kein Beschluß gefaßt worden.

Mit der Beendigung des kirchlichen Streites war nicht die Ruhe hergestellt: dafür hatte er zu lang gedauert und zu heftig die ganze Bevölkerung ergriffen. Die Polizei blieb im Januar vielfach in Anspruch genommen. Beleidigungen gegen die Predicanten wurden in der Stadt verbreitet, Nachts in den Wirthshäusern und auf den Straßen war man geschäftig sie zu verhöhnen. „Bist du von den Brüdern in Christo?" neckte einer den anderen.[1]) Auch konnte ja ein Zustand regelmäßiger

---

ny semans division; pourquoy puys que dimanche prochain elt arreste celebre la seune, il ne sont de adrys il receproir ceulx quil scairent eltre desunys et pourtant demandent ladvis de Melſieurs. — Icy lon a vu une missive de Berne a caufe de noltre generale et publique confeſſion quil entendent avoir caufe certains rebelles et nous prient nous voloir ensemble appoincter. — Quant a la sene lon tiendra demain le conseil de 200 et seront demandes George des Clefs et Mat. Malich quil nont jure la confeſſion; il noyront lire la lettre de Berne, puys les induyra lon a jurer la confeſſion comment les aultres. — Jan. 4. Conseil des Deux Cents. Icy eſt proposee la lettre de Berne a caufe de la pacification des questions pour la confeſſion premierement faicte overtes. Et eſt sus icelle parle denvoyer querre auleungs non accordans de la dite confeſſion, nommement G. des Clefs Matieu Malich Pierre Ameanlx, pour les exorter a faire selon le cours commung. Item eſt parle que les predicans disent que bonnement il ne porroient donner la sene aux contrarians a lunion. Eſt arreſte que lon ne refuse la sene a personne.

1) Ratsprot. 1538 Jan. 2. Opp. XXI 219. Icy eſt eſte parle des injures quauleungs hont public par la ville contre les predicans. Eſt arreſte que iceulx soyent suyvis devant M. le lieutenant par iustice et iultice faicte. — Jan. 16. Icy eſt parle que pluseurs de cette ville et voisins disent

Ordnung so lange nicht eintreten, als die politische Opposition ihres Sieges zwar gewiß, aber noch nicht wirklich teilhaftig geworden. Man war gespannt auf die neue Ratswahl. Herausfordernd zeigten sich die grünen Nelken am Hut, das Abzeichen der Partei Jean Philippes. Vielleicht werden sie, besorgte man, sich roth färben am Wahltag.[1])

4.
Die Genfer Kirche unter der Regierung der Opposition.

Am 1. Februar 1538 trat der Große Rat zusammen, um die acht Candidaten für das Syndicat zu bezeichnen. Farel, Calvin und Coraud hielten schöne Ermahnungen, heißt es im Ratsprotokoll. Am 3. Februar fand die Wahl statt in der allgemeinen Bürgerversammlung. Vielleicht gerade weil man von allen Seiten Störung erwartete, verlief die Handlung ungestört und ruhig. Syndics wurden Claude Richardet, Jean Philippe, Jean Lullin, Ami de Chapeaurouge, die bekannten Häupter der Opposition. Der letzte wurde gewählt, trotzdem er nicht auf der Liste stand: so groß war das Uebergewicht der siegreichen Partei. Noch bezeichnender war die Wahl des Kleinen Rats, die am 4. vollzogen wurde: zehn an der Zahl traten neue Mitglieder ein, eine Umwandlung des Rats von ganz außergewöhnlichem Umfang. Mit anderen trat auch Porral ins Privatleben zurück. Wir zweifeln nicht, daß die Erneuerung des Großen Rats ebenso radical ausfiel.[2])

Wenn wir nun nach der Lage der Kirche fragen, wie sie in den nächsten vier Wochen sich gestaltet, so sind wir zunächst auf die Ratsprotokolle verwiesen. Diese erwähnen eine Klage der Predicanten vom 12. Februar über nächtliche Unordnungen in der Stadt, worauf ein Edict erfolgt gegen nächtliche Störung der Ruhe und gegen das Singen

---

plusieurs grosses parolles de desunion de nostre ville et que cela vien de plusieurs ivroignes quil vont la nuyct par la ville et par les tavernes et disent les ungs: tu es des freres en Christ, se mocans des prescheurs, les aultres de semblables paroles. Est resolu que lon prenne information de tous ses affaires puys que lon face que justice porte a forme des cryes et des edictz.

1) Ratsprot. 1538 Febr. 1. R 1 68. Der Lieutenant berichtet, daß mehrere gesagt haben, man müsse in die allgemeine Versammlung die Waffen mitnehmen; und einer habe geäußert qu'on portait des girofflées vertes, mais qu'on ferait bien des têtes rouges.

2) Ratsprot. Febr. 1—4. R 68—71.

unanständiger Lieder und Spottverse.¹) Am 15. machen Farel und Calvin Vorschläge zur Besetzung von drei Landpfarren, und die Vorschläge werden genehmigt. Am 26. mahnen dieselben an Fürsorge für zwei dieser Pfarrer, worauf ihnen eine bestimmte Besoldung ausgesetzt wird.²) Nach diesen Notizen können wir vermuthen, daß der Groll eines Teiles der Bevölkerung gegen die Predicanten noch fortdauert; daß aber die officiellen Beziehungen zwischen Rat und Predicanten normal und befriedigend sind. Genaueren Bescheid gewähren einige uns vorliegende Briefe aus diesen Tagen.

Ein Brief von Simon Grynäus in Basel an Farel und Calvin vom 13. Februar 1538 lautet ungefähr wie folgt:³) „Eure Briefe habe ich nicht ohne Betrübniß gelesen. Ich sehe das Unwetter, ich sehe die Stürme. Satan wühlt und bedrängt euch gewaltig. Doch nicht enre

1) Ratsprot. 1538 Febr. 12. R I 71.
2) Ratsprot. Febr. 15. 26. Opp. XXI 221. — Daneben weise ich auf eine Stelle bei Fabri an Farel. Thonon 1538 März 4: Sinite ingratòs qui, regno Dei indigni, fame miniftros pellere conantur, quum gladio aut igne non audeant. Hoc dico, quod pauci illis sufficiant qui (erecta) utcunque ad tempus tueantur; nam brevi immutabuntur haec sinistra. Dominus tristitiam reftrum in gaudium feliciter immutabit. — Es ist möglich, daß die Predicanten über die Sanmseligkeit des Rats geklagt haben, der die vorgeschlagenen Landpfarrer am 15. Febr. annimmt und am 26. sich an ihre Besoldung erinnern läßt.

3) Legi ntriusque epistolas non sine dolore. Video tempeltatem, video procellas, saevit utique Sathan et vos iactat agitatque. Atqui, o fratres mei chariffimi. non reftra, sed Jefu Chrifti, regis regum, caufa eft: is oculis suis et vos ministros suos et sevientem Sathanam videt. Explorari vim spiritus Dei in vobis neceffe eft, et artes Sathanae notas fieri. Itaque unum elt, fratres mei chariffimi, unum eft remedium, unum praesidium, utcunque totis sedibus mare hoc convulfum turbine videatur; placide tutoque ad gubernacula verbi Dei fortibus ac certis animis consistere ne non discedere. Ergo certo cum consilio, certa cum fducia Jefu Chrifti Domini quottidie ad contiones prodibitis more vestro; certa fide, certa charitate appellabitis omnes. Hoc officium noftrum eft. Coetera Dominus Jefus ipse in tempore curabit. Video, Senatus eit non synceru* video, praesidium a vicinis Bernatibus non eft fidele. At vivit Dominus. Ergo consistite vos solum in officio veftro immoti. Summa gravitate ac fide in contionibus agite. Potens eft verbum Dei ac nunquam hoc magis, quam cum maxime saevit Sathan. Igitur ifti cum vos per insidias petunt, vos pro contione pro illis Dominum orate. Cum maledicunt vos, benedicite omnibus timentibus Dominum. Cum conciliabula sua cogunt. vos cum bonis, et si hi pauci sunt, inter secreta cordis, ac rursus palam in oculis Domini, collectis animis, ac omni fide in Jesum Chriftum advocata, consiliunt capite, quo potenti Dei verbo sit retundendus Sathan. Scio, impoffibile eft tamdiu iftic auditum elle Chrifti evangelium, non temere locum perditiffimi homines habebunt. Artibus impetant vos ac dolis circumveniant. Indant miniftros Domini etc. — Ad Argentinenfes fratres statim seleo mittere omnia, cum aliquid accidit. Dabimus operam omnes, quo rebus, duce Domino, succurramus. Multum auxilii pofitum apud Bernates eft. verum videtis qui iftic quoque motus fuerint hactenus. Etc.

Aus d. Abh. d. III. Cl. d. k. Ak. d. Wiss. XVII. Bd. III. Abth.

Sache ist es, geliebteste Brüder, sondern die Sache Jesu Christi, des Königs über die Könige. Seine Augen sind auf euch, seine Diener, gerichtet, und auf die Wuth Satans. Erforscht werden soll in euch die Kraft des Geistes Gottes, und die Künste Satans offenbar werden. Darum ist eins für euch Schutz und Hülfe: mag das Meer dort bis auf den Grund aufgewühlt sein, gefaßt und ruhig am Steuer des Wortes Gottes mit fester Zuversicht stehen bleiben und nicht ablassen u. s. w. Ich sehe, der Rat ist nicht aufrichtig, ich sehe, die Hülfe seitens der Bernischen Nachbarn ist nicht zuverlässig. Aber Gott lebt. Also steht nur fest und unerschütterlich in euerm Amt. Predigt mit allem Nachdruck und Gottvertrauen. Mächtig ist das Wort Gottes, und gerade dann mehr als je, wenn Satan am ärgsten wüthet. Wenn also jene euch heimlich nachstellen, so betet für sie auf der Kanzel. Wenn sie euch schmähen, so segnet alle, die Gott fürchten. Wenn sie Conventikel halten, so sammelt die Wohlgesinnten um euch, mögen es auch wenige sein, und wählt mit ihnen den Weg, auf dem durch das Wort Gottes Satan abgeschlagen werden mag. Ich weiß, es ist unmöglich, nachdem so lange dort das Evangelium ist verkündet worden, werden die Verruchten nicht so leicht den Sieg erringen" u. s. w.

Grynäus antwortet mit diesem Schreiben auf zwei Briefe, die er eben empfangen hat, die also etwa am 9. Februar abgegangen sind. Die beiden Genfer scheinen in großer Aufregung geschrieben, vielleicht gar den Zweifel ausgesprochen zu haben, ob es nicht besser sei, den Platz freiwillig aufzugeben. Sie haben verruchte Menschen sich gegenüber, die ihnen heimlich nachstellen, die in Conventikeln sich verschwören, der Predicanten spotten. Auf Hülfe ist vom Rat kaum zu hoffen, auch der Berner Rat ist keine zuverlässige Stütze. Dagegen findet Grynäus keinen Grund zur Verzweiflung, er hofft vielmehr, daß seine Freunde die Gefahren durch treue Amtsübung in Glauben und Liebe überwinden können. Am Schluß des Briefes verspricht er, auf Hülfe seitens der Baseler und Straßburger Amtsgenossen bedacht sein zu wollen, und denkt dabei schwerlich an etwas anderes, als an Zuschriften an die Genfer Obrigkeit von Seiten anderer evangelischen Gemeinwesen. Die Berner Geistlichkeit könnte, meint er, am besten helfen, aber im Hinblick auf die inneren Wirren dort dürfe man wenig von ihr erwarten.

Am 21. Februar schreibt Calvin an Bullinger in Zürich einen Brief, den evangelische Gäste, die sich einige Zeit in Genf aufgehalten haben, besorgen wollen:[1] „Um dir eine rechte Vorstellung von unserer höchst elenden Lage zu geben, würde es einer umständlichen Erzählung bedürfen. Aber ich werde dich nicht mit einem langen Schreiben belästigen, weil es mir an Muße fehlt und diese guten Männer einiges aus sich berichten können. Denn wenn sie auch die Quelle des Uebels vielleicht nicht erkannt haben, noch das Ziel der Gottlosen, so haben sie doch deutlich genug gesehen, wie es bei uns steht. Wäre uns doch vergönnt nur einen Tag uns frei miteinander aussprechen zu können: der Gewinn, dächte ich, wäre ganz außerordentlich. Mir liegen Dinge im Sinn, die wir weder dem Papier anvertrauen, noch auch ohne reifliches Hin- und Hererwägen und Erörtern abmachen können. Das will ich doch mit einem Wort erwähnen, daß nach meiner Ansicht eine Gewähr dauernden Bestehens für die Kirche nur in der Wiederherstellung jener alten, das ist apostolischen Disciplin zu finden ist, die bei uns großenteils fehlt. Wir haben es noch nicht fertig bringen können, daß der Gebrauch der Excommunication wieder hergestellt werde, daß man die Stadt, die bei ihrem Umfang außerordentlich volkreich ist, in Pfarren einteile. Denn bei einer so ununterschiedenen Verwaltung läßt man uns gemeinhin nicht so wohl

---

1) Si miferrimae noftrae conditionis inftam narrationem apud te perfequi inftituam, longa mihi texenda fit historia. Noftram autem appello, quae eccleftam cui praeelle nos Dominus voluit iam aliquamdiu vexavit et nunc etiam magna ex parte premit. Sed quia neque ad fingula explicanda fatis in praefens fuppetit ocii, et boni ifti viri nonnulla per fe recitare poterunt, longiore epiftola non ero tibi moleftus. Etfi enim ipfam forte mali fcaturiginem non animadverterunt, nec quorsum tenderent improborum conatus, ipfa tamen rerum facies qualis effet non obfcure perspexerunt. Utinam vero dies unus ad liberam commentationem nobis daretur! Inde enim, ut spero, non discederetur fine ingenti fructu. Habeo certe quae nec literis complecti nos tuto polle video, nec a nobis nisi mature ultro citroque expensa et difculfa tranfigi. Hoc tamen obiter indicabo, mihi videri nos diuturnam eccleftam non habituros, nifi restituta in integrum antiqua illa, hoc eft, apoftolica disciplina, quae apud nos in multis partibus defideratur. Nondum extorquere potuimus, ut pura sanctaque poftliminio reduceretur excommunicationis obfervatio; ut urbs, quae eft pro amplitudinis suae modo populofiftima, in parochias diftribueretur. Quemadmodum enim fertur confusanea haec adminiftratio, vulgus hominum concionatores nos magis agnoscit quam paftores. Alia sunt permulta, quae cum emendata vehementer cupiamus, nullam inire pollumus rationem, nifi id agatur communi et fide et ftudio et induftria. O si pura synceraque tandem inter nos concordia sanciri queat! Quid enim tunc impediret, quominus publica aliqua synodus cogeretur, ubi finguli quid eccleftis suis maxime conducat proponerent, ratio efficiendi communi ratione dispiceretur, et, si opus foret civitates ac principes etiam, mutua et hortatione se adiuvarent et autoritate confirmarent?

als Pastoren denn als Prediger gelten. Und so gibt es noch viele andere Reformen, die wir lebhaft wünschen, aber allein auf dem Weg gemeinsamen Strebens für erreichbar erachten. Ach wenn es doch endlich zu einer reinen und aufrichtigen Eintracht zwischen uns käme! Was würde dann hindern, eine öffentliche Synode zusammen zu berufen, wo jeder vorschlüge, was er für ersprießlich hält für seine Kirche, dann gemeinsam über die Art der Ausführung beraten würde und, wo es noth thäte, die Städte und auch die Fürsten durch Ermahnung und durch ihre Autorität auf einander einwirkten!"

Dieselben Gäste nehmen einen Brief Farels vom 22. Februar an Pellican in Zürich mit, aus welchem wir folgende Aeußerungen hervorheben:[1] „Wir freuen uns außerordentlich über das, was du von Luther schreibst. Möge der Herr geben, daß es endlich zu der vollen und sicheren Eintracht komme, die wir zu der allgemeinen Erbauung dringend brauchen. Sehr ersprießlich wäre es, wenn dann die Kirchen insgesammt die Disciplin in Erwägung zögen, die ganz abhanden gekommen ist und ohne welche nach allgemeinem Urteil die Erbauung der Kirchen keinen Bestand haben kann." Dann deutet er auf den bösen Willen der Berner Geistlichkeit, die nicht genug an ihren eigenen Wirren habe, sondern auch anderwärts Verwirrung anrichte, und fährt fort: „Schweres haben wir von den Einheimischen zu erdulden, aber es ist die Sache des Herrn, ein Kreuz nach seinem gütigen Willen auf die Schultern der Seinigen zu legen: unsere Sache ist das Kreuz zu tragen, das er uns auflegt, nicht das Kreuz zu wählen, das er uns auflegen soll." Dann zum Schluß: „Auf unsere Lage brauche ich nicht näher einzugehen, denn diese Männer

---

1) Mira affecti fuimus laetitia de iis quae scribis de Lutero. Faxit Dominus ut tandem plena constet concordia et tam firma, quam est ad aedificationem omnium necessaria! Plurimum expediret ut constituta a ... dispicerent omnes ecclefiae super disciplina, quae prorsus sublata periit, sine qua nemo non videt non posse constare ecclesiarum aedificationem. — Aliunde habemus quod nos conficiat et ecclesiam turbet, non quod consolationi serviat. Verum Dominus turbatoribus tantum excitabit turbarum, ut satientur plene. Non satis habent, domi perpetuas si habent lites, nisi et aliis tumultus excitent, nihil veriti evangelium in discrimen vocare etc. Grave est quod a domesticis est perferendum; sed Domini est, crucem pro sua bona voluntate suorum humeris imponere; nostrum est impositam ferre, non imponendam eligere. — — Pluribus non est quod tecum agam super rebus nostris, nam hi abunde poterunt referre quam sit necesse ut precibus fratrum adinvemur, ut sua bonitate nos tueatur et foveat sic, ut nihil admittatur indignum tam sancto ministerio, quod purum det ut geramus, plebe rursus, ut est Dei, excipiente eum fructu!

können sattsam berichten, wie sehr wir das Gebet der Brüder bedürfen um Gottes Schutz, auf daß nichts für den heiligen Dienst Schimpfliches zugelassen werde, daß wir ihn vielmehr rein erhalten und das Volk ihn als von Gott, mit Frucht von uns empfange."

Alle Andeutungen in diesen Briefen zusammen genommen, ergibt sich, daß die Predicanten viel zu klagen hatten, nicht sowohl über die Obrigkeit, als über andere Gegner, die „Gottlosen" und „Verruchten." Was diese im Sinne haben, vermag das ungeübte Auge der Fremden nicht zu erkennen, so wenig als ihm der Grund des Uebels wahrnehmbar ist. Auch wir können nichts näher bezeichnen, da die Predicanten sich auf allgemeine Klagen beschränken, und sind gezwungen bei der feindseligen Gesinnung stehen zu bleiben, die ein Teil der Bürgerschaft jetzt wie im Januar an den Tag legte, und die wir in dem Streit des zweiten Halbjahrs 1537 zur Genüge begründet finden. Der Obrigkeit werfen beide Geistliche nichts vor als eine unaufrichtige Gesinnung, keine Handlung oder Unterlassung. Wir dürfen voraussetzen, daß die gewohnten Functionen der Kirche und Schule jetzt so unbehindert wie im vorigen Jahr ausgeübt werden, um so mehr als Calvin nach der Verbannung den Zustand seiner Kirche in der Zeit bis dahin als einen solchen bezeichnen durfte, der selbst die grimmigsten Feinde des Evangeliums zur Achtung gezwungen habe.[1]) Auch fürchten sie für die nächste Zeit nichts außerordentliches. Zwei junge Engländer, die einige Zeit in Genf gelebt hatten und nun im März 1538 an Calvin schreiben, sprechen nur von der großen Traurigkeit Calvins, zu welcher ihm einige Leute von verkehrter Gesinnung Ursache geben.[2]) Wenn er und sein Freund Farel gleich nach dem Wahlsieg der Partei Jean Philippe auf das Aeußerste gefaßt waren, so sind sie jetzt vielmehr so sicher geworden, daß sie mit einem weitaussehenden Plane, wir würden sagen einer internationalen Garantie der evangelischen Einzelkirchen, sich beschäftigen. Denn ihre Wünsche, die wie vorher auf Einführung der Excommunication und Kirchenzucht. Vermehrung der Zahl der Geistlichen, Einteilung der Stadt in Pfarrsprengel gehen, werden allerdings jetzt so wenig als früher, ja

---

1) H V 28.
2 J. Butler und B. Trehern an Calvin 1538 gegen Anfang März. Enimvero maior est haec tristitia quam tibi male sana quorundam ingenia attulerunt, quam ut eam nos lenire possimus.

von dieser Regierung noch weniger als von der vorigen kirchenfreundlicheren, erfüllt werden, und darum denken sie durch die Einwirkung des evangelischen Auslands auf die Genfer Regierung ihr Ziel zu erreichen, natürlich nicht in einer ganz nahen Zukunft. Der Berner Rat, der es am ersten vermöchte, erweist sich nicht hülfreich. Die Feindseligkeit der Berner Geistlichkeit, von der Farel mit heftigem Unwillen spricht, hat schwerlich viel mit den inneren Angelegenheiten Genfs zu thun, sondern mit dem welschen Kirchenwesen überhaupt, worauf wir später zurückkommen.

Aus allem Gesagten empfangen wir den Eindruck, daß die Predicanten allerdings schmerzlich zu leiden haben, und zwar, wie es scheint, vor allem durch offen zur Schau getragene Abwendung, durch Spott und Ungezogenheit, aber daß sie nicht gehindert sind ihr Amt mit Erfolg zu verwalten, und daß sie den Weg zu allmählichem Sieg betreten werden, wenn sie nur ihres Freundes Grynäus Rat befolgen, allein auf ihr Amt zu sehen, standhaft am Steuer, das heißt im Dienst des Wortes Gottes zu bleiben und die Anfeindungen mit Gebet und Segen zu erwidern. Auch die Sorge Farels, daß ihrem Amte etwas Schimpfliches zugemuthet werden möchte, können wir nur auf die um Ostern bevorstehende Abendmalsfeier beziehen, und halten es für möglich, daß bis dahin die Aufregung und Erbitterung sowohl durch eine besonnene Thätigkeit der Predicanten als durch die Länge der Zeit beschwichtigt, die Gefahr eines Zusammenstoßes entfernt werde.

Das Gegenteil tritt ein. Der Anstoß geht von Bern aus, eine leidenschaftliche Bewegung ergreift die Bürgerschaft von Genf, in den Tagen vom 2. bis 12. März kommt es, abgesehen von zahlreichen Beratungen im Kleinen und Großen Rat, zu zwei allgemeinen Bürgerversammlungen; die Beschlüsse tragen den Stempel erbitterter Stimmungen. In dem Wirrwarr lassen drei Momente sich unterscheiden: 1. der offene Hader zwischen den bürgerlichen Parteihäuptern aus Anlaß eines französischen Anschlags, 2. ein von Seiten der Bürgerschaft gegen die Predicanten gerichteter Verweis, 3. die Annahme der sogenannten Berner Ordinanzen durch Regierung und Gemeinheit von Genf. Wir unterwerfen die drei Punkte, obgleich ihre Verhandlung in Wirklichkeit zusammenfließt, einer gesonderten Erwägung.

Ein französischer Hauptmann, Herr von Montchenu, hat im Februar sich in der Nähe der Stadt aufgehalten und die Umgegend sowie die Befestigungen ausgekundschaftet, wie man glaubt, in der Absicht unter Umständen ein Unternehmen gegen Genf vorzubereiten.[1]) Auch hat er sich mit einigen Ratsherrn in Verbindung gesetzt und sie für den Vorschlag zu gewinnen versucht, Genf von dem Bund mit Bern zu lösen und unter den Schutz des Königs von Frankreich zu stellen unter Aufrechterhaltung der Freiheit und Unabhängigkeit der Stadt.[2]) Auf die Kunde von diesen Umtrieben schickt Bern seine Gesandten mit Mahnung und Warnung und verlangt Bescheid. Am 2. März sind die Gesandten in Genf, am 3. stehen sie vor dem Großen Rat, dann vor der allgemeinen Versammlung. In beiden Versammlungen wird beschlossen, den Herrn von Montchenu abzuweisen und Bern der Treue Genfs zu versichern. Unter den Ratsherrn, die mit Montchenu correspondirt hatten, befanden sich zwei, die der Partei Sept angehörten, nämlich Michel Sept selbst und Claude Savoye. Das scheint Gelegenheit gegeben zu haben, in der allgemeinen Versammlung die Partei Sept überhaupt anzugreifen, es erhoben sich Klagen gegen die Syndics des vorigen Jahres und ihre Behandlung wurde der nächsten allgemeinen Versammlung zugewiesen.[3]) Von dieser Versammlung, die am 10. März stattfand, haben wir keine directe Kunde, aber wir dürfen es als eine Fortsetzung der dort geführten Verhandlungen ansehen, daß am 11. März der Große Rat die Suspension vom Amte gegen Michel Sept, Claude Savoye, dann gegen drei Syndics des vorigen Jahres, Claude Pertemps, Jean Goulaz und Jean Curtet, auch gegen Ami Perrin, der unter der vorigen Regierung Schatzmeister gewesen war, aussprach. Daran schlossen sich andere schwere Anklagen und Untersuchungen gegen dieselben und gegen andere von der Partei, so daß fast der ganze Rat im Proceß gegen einander stand, die einen als Kläger, die andern als Beklagte.[4])

Da es sich in der Hauptsache um Landesverrat handelte, von einem

---

1) Ratsprot. 1538 Febr. 15. R I 72.
2) Montchenu an M. Sept. Moulins Febr. 28. R I 73. Montchenu an den Rat von Genf. März 12. R I 74.
3) Ratsprot. März 3. R I 73—75.
4) Ratsprot. März 11. R I 75—77.

Erfolg der Processe aber sich später keine Spur bemerken läßt, so haben wir den ganzen bösen Handel als ein Erzeugniß und als ein Zeichen des bestehenden Parteihasses aufzufassen. Darnach sind wir im Stande, den zweiten der obengenannten drei Punkte besser zu würdigen. Am 11. März nämlich wird im Großen Rat auf Monathons Antrag, der im Namen der allgemeinen Bürgerversammlung spricht, beschlossen. Farel und Calvin zu verbieten, sich in die Politik zu mischen. Dieser Beschluß wird am 12. ausgeführt und zugleich Calvin vorgeladen, weil er auf der Kanzel gesagt habe, die bevorstehende Ratsversammlung sei eine Teufels-Ratsversammlung.[1]) Der Angriff Calvins hat sich, wie es scheint, gegen die allgemeine Bürgerversammlung vom 10. März gerichtet, von welcher alsdann zu dem Verweis gegen Calvin der Anstoß ausgegangen ist; und der Grund zu der heftigen Aeußerung ist für Calvin der ungerechtfertigte Haß gewesen, der seine politischen Freunde seit dem 2. März mit Vernichtung bedroht und der seinen vollen Ausbruch eben in jener Teufels-Ratsversammlung gefunden hat. Wenn es sich so verhält, so hat Calvin Anspruch auf Entschuldigung und Sympathie, aber den Verweis verdient er dennoch. und wir müssen hinzufügen, daß solche Reden auf der Kanzel nicht zu den Waffen des Gebets und Segens passen, die Grynäus den Freunden in ihrer schwierigen Lage empfohlen hat.

Wir kommen zu dem dritten Punkt. Am 11. März wurde im Großen Rat von Monathon im Namen der Gemeinheit beantragt, die Berner Ceremonien anzunehmen und demgemäß Beschluß gefaßt.[2]) Dieser Beschluß erscheint zunächst darum auffällig, weil bis dahin in Genf, so viel wir wissen, von den Berner Ceremonien nie officiell die Rede gewesen ist, und man darum nicht einsieht, weshalb der Gegenstand jetzt so plötzlich zur Beratung und auch sogleich zur Entscheidung kommt. Aber es darf

1) Ratsprot. März 11. II IV 403. Conseil des Deux-Cents. Monathon et autres, aut nom de la generalite, ont propose, suyvan le Conseil general tenu ces deux dimanche passe — — que lon doyge adverti les predican qui ne ce mesle poen de la politique, mes qui presche levangile de Dieu. — Plus, de vivre en la parolle de Dien joste les ordonance de Meßieurs de Berne. at elte resolu comme desus est propose. — März 12. Touchant laz missive envoyee de Berne az cause du synode que se tiendraz az Lausanne, — resoluz denvoyer maiftre Farel et Calvinus, az la forme de la millive, et denvoyer querre Calvinus, touchant de certaennes parolles quil az dict aut sermon, que le conseyl lequel lon alloyt tenyr eftoyt conseyl du diable. — Lon az deffenduz az maystre G. Faret et maystre Calvinus de poien se mesler du magistrat.

2) Ratsprot. in der vorigen Anm.

zur Erklärung darauf hingewiesen werden, daß Bern schon am 8. December 1537 in die Instruction seiner Gesandtschaft nach Genf den Auftrag gesetzt hat, eine Ausgleichung in Betreff der Ceremonien anzuregen,[1]) und wenn diese Instruction darum unausgeführt blieb, weil die Gesandtchaft damals nicht abgieng, so kann doch nicht bezweifelt werden, daß Bern bei folgenden Gelegenheiten und spätestens jetzt am 2. März auf seinen Antrag zurückgegriffen haben wird; und damit wäre also die Vorlage und Beratung des Gegenstandes auf eine Anregung Berns zurückzuführen. Mit vollem Recht aber hat man daran Anstoß zu nehmen, daß in Genf sofort ein den Wünschen Berns entsprechender Beschluß, also ein Beschluß in einer kirchlichen Angelegenheit gefaßt worden ist, ohne die Vertreter der Kirche zu Worte kommen zu lassen, gleichsam über ihre Köpfe hinweg. Und dieß kommt nicht etwa auf Berns Rechnung. Bern hatte nicht die Absicht den Predicanten etwas zu Leide zu thun. Vielmehr hatte gerade die gegenwärtige Gesandtschaft den Auftrag, Farel gegen Beschuldigungen, die in Genf gegen ihn laut geworden waren — man erzählte nämlich, Farel habe zu Bern die Genfer Gegenpartei, die sich jetzt an der Regierung befand, als eine Partei der Messe bezeichnet — in Schutz zu nehmen und den Genfern die ihrem Reformator schuldige Dankbarkeit in Erinnerung zu bringen. Um so mehr und um so ausschließlicher fällt der Schritt zu Lasten der in Genf gegen die Predicanten herrschenden Mißstimmung, die sich überaus deutlich in der Antwort ausspricht, die dieser Empfehlung Farels am 2. März von Seiten des Großen Rats zu Teil wird: „es würde gut sein", heißt es dort, „die Wahrheit zu erfahren; aber weil die Herrn bezeugen, daß er die Worte nicht gesagt, so erweise man ihnen die Ehre, die Sache fallen zu lassen, ohne weiteren Lärm zu machen."[2]) Eins folgt

---

1) Der Rat von Bern, Instruction der Gesandtschaft nach Genf 1537 Dec. 8. Opp. X II 131.
2) Ratsprot. 1538 März 3. Opp. XXI 222. Conseil des Deux-Cents. Il hont propose quil hont entendu que G. Farel predicant soit blasme en cefte ville quil aye dit a Berne que en cefte ville nous sumes en debat et eft blasme G. Farel de avoir porte parolle a Berne que noftre debat eftoit que les ungs volent la meffe les aultres levangille en cefte ville. Surquoy il portent tesmoignage que jamais ledit Farel na porte lesdites parolles a Berne, pourquoy il prient que lon laye pour recommande, car il ha franchement porte levangille. — Sus M' Farel eft dict quil seroit bon scavoir la verite, mais puis que lesdits seigneurs atteftent quil nave pas porte les paroles que lon dict lon leur face celluy honneur de laiffer le tout calle sans en faire plus de bruyt et que lon vive en paix.

aus dem anderen: die bestehende Mißstimmung führt zu gehässigen Anschuldigungen, dann zu verletzenden Handlungen, als Echo antwortet Calvins beleidigende Aeußerung, und diese hat wieder steigende Erbitterung im Volke Genfs zur Folge. Am 13. März führt der Pfarrer Christoph Fabri von Thonon vor dem Rat Klage, daß man ihn, der in Begleitung Froments nach der Stadt gekommen, in der Gegend des Rive-Klosters am Sonntag und den folgenden Tagen mißhandelt habe.[1]

Um nun die Bedeutung der vorliegenden Frage richtig zu würdigen, müssen wir den Gesichtskreis unserer Betrachtung etwas erweitern und auf die kirchlichen Beziehungen zwischen Genf und Bern und den welschen Landschaften Berns einen Blick werfen.

5.
Die Berner Ceremonien.

Kurz nachdem die evangelische Bewegung in Genf zum Siege gelangt war, nahm Bern den größten Teil der Savoyischen Landschaften auf beiden Seiten des Sees in Besitz. Die Reformation, die nach dem Willen und unter dem Schutz der Berner Obrigkeit diesem Gebiet auferlegt wurde, fiel anfangs naturgemäß der Leitung der Genfer Predicanten anheim; denn Genf war von jeher der Mittelpunkt des ganzen französisch redenden Landes zwischen Alpen und Jura, wie für den Verkehr so für alles geistige Leben. Farel, der die Propaganda in diesem Lande eröffnet, dann das Evangelium in Genf zum Sieg geführt hatte, war das Haupt. Eng verbündet und durchaus eines Sinnes mit ihm, wirkten neben ihm die beiden jungen Genossen, Viret, der sich zu Lausanne, der Hauptstadt des Waadtlandes niederließ, und Calvin, den Farel in Genf zurückhielt. Wer von Frankreich kam und evangelische Wirksamkeit und Brod suchte, gieng gewöhnlich zuerst nach Genf[2] und die Flüchtlinge, die dort kein

---

[1] Christoph Fabri an Farel. Thonon 1538 März. Ego rogabam ut eo quoque scriberet quae Frumento et mihi isthic nuper egerunt. — Ratsprot. März 13. H IV 405. Maystre Christofle, predican de Thonon, se complien de ceux que lon oultragie vers Ryve ces jour passes dempuys dymenche en ca. Resoluz de fere prendre les informacions az Mons. le lieutenant.

[2] Der Rat von Genf an Farel 1536 Juli 10. vous prians affectuesement que luy en reseripves et que, en consideration des passans par icy, Francois Italiens et aultres, et aulfi des foebles et de ceulx que lon peult de jour en jour gaigner a noftre Seigneur, vous revenes de par deca. —

Unterkommen fanden, wurden von Farel weiter empfohlen und entweder von den Gemeinden angestellt oder von der Berner Regierung berufen.[1] Die letztere bedurfte dieser Hülfe und forderte Farel geradezu auf, ihr die nötigen evangelischen Werkzeuge zu schaffen,[2] wie er dazu im Stande war durch seine Kenntniß des Landes und seine Verbindungen mit Frankreich. Auch die vorläufige evangelische Organisation des Landes, im October 1536, fand überall unter Beirat und Einfluß Farels statt.[3] Wo man unmittelbare Aushülfe bedurfte, wandte man sich an Genf,[4] vor allem die Nachbarn. Geistliche, die in Genf ihren Sitz hatten, versahen zeitweise oder auch regelmäßig, mit oder ohne Mandat der Berner Amtleute, den Kirchendienst in den nahe gelegenen Ortschaften der Aemter Gex Ternier und Thonon. Man lieh sich die Predicanten, Viret kam wochenlang nach Genf zur Aushülfe, Fabri zu Thonon und Farel zu Genf tauschten mit einander abwechselnd den Ort der Predigt.

Der Zustand war im Jahr 1536 und im Anfang des folgenden Jahres nahezu eine Republik der Geistlichen für das ganze französisch redende Land, ohne Unterschied der Grenzen unter der Führung des Genfer Triumvirats. In Genf bildete man ein Colloquium, an welchem die Geistlichen des benachbarten Berner Gebiets Teil nahmen, und diese Versammlung correspondirte über die gemeinsamen Angelegenheiten mit einer Versammlung, die gleichzeitig in Lausanne tagte.[5]

Eine Aenderung wurde zuerst angebahnt durch die Ernennung Carolis zum Haupte der Lausanner Kirche, welche von Bern aus erfolgte ohne Anfrage bei Farel oder Viret, wir wissen nicht aus welchen Gründen und unter welchen Einflüssen.[6] Es entstanden Streitigkeiten, zunächst

---

Farel ist mit der evangelischen Organisation des Amts Yverdon beschäftigt. H IV 74. — Die Genfer Pastoren an das Berner Consistorium 1537 Aug. 31. Non pauci huc quotidie confluunt, sed undi; neque facultates nostrae illis tam diu alendis sufficiunt, dum iusto examine probari queant.

1) Für dieß und das Folgende besonders die Correspondenz zwischen Farel und Fabri 1536 und 1537, bei H IV.
2) Farel an Fabri. Genf 1536 Nov. 21. Jubeor evocare undique ministros, sed unde plane ignoro. — Farel an Viret 1537 Aug. 26.
3) Der Rat von Bern (an die neuen Pastoren im welschen Land) 1536 Nov. 19.
4) Der Rat von Neuchatel an den Rat von Genf. 1536 Dec. 4.
5) Fratres qui Genevae et in vicinia Chriftum annuntiant, an die fratres Lausanne. 1536 Nov. 21.
6) Der Rat von Bern an Viret. 1536 Nov. 1.

zwischen ihm und Viret.¹) Die Genfer nahmen Teil, Calvin trat an Virets Seite als Ankläger gegen Caroli. Da griff Caroli auch die Genfer an, die er antitrinitarischer Meinungen beschuldigte. Man brachte die Streitfragen vor die in Lausanne anwesenden Commissare Berns, dann wollte Caroli in Hinsicht der gegen ihn gerichteten Klagen sich nur vor der Berner Obrigkeit und Geistlichkeit vertheidigen. Calvin aber die gegen die Genfer gerichteten Klagen vor einer Synode der französisch redenden Geistlichkeit verhandeln. Beide Verhandlungen fanden statt, beide endigten mit Carolis Niederlage. Da nun aber nicht bloß die Berner Verhandlungen, sondern auch die Synode zu Lausanne unter Berner Vorsitz stattfand und in beiden Fällen die letzte Entscheidung, ohne Widerspruch, von der Berner Obrigkeit ausgieng, so gewann der kirchliche Zustand ein durchgreifend anderes Aussehen.

Die Geistlichen des welschen Berner Gebiets standen fortan selbstverständlich unter dem Gebot der Berner Obrigkeit. Die Genfer Geistlichen aber in so weit sie sich nicht von den anderen trennen wollten, mußten notgedrungen sich unter dasselbe Gebot stellen, und thaten es ohne Besinnen, wo immer ein gemeinsamer Zweck zu erreichen war. Der Berner Rat behandelte diese Angelegenheiten in der Art, daß er sich von den Geistlichen der Stadt Bern Gutachten geben ließ, Kläger und Angeklagte vor das aus jenen bestehende Consistorium wies, Geistliche der Stadt Bern neben Abgeordneten des Rates zu Präsidenten der welschen Versammlungen bestellte. Dadurch wurde das Berner Consistorium factisch eine Oberbehörde für die welsche Kirche im Berner Gebiet, auch für Genf, soweit die Genfer Geistlichen ihre Sache von der gemeinsamen nicht trennen wollten oder konnten.

Ton und Haltung des Berner Rats ändert sich merklich. Als Caroli und Viret ihren Streit zu Bern auszufechten haben, geht Farel auf Virets Bitte nach Lausanne, um an seiner Stelle zu predigen. Er hat dergleichen

---

1) Ueber die Streitigkeiten mit Caroli: Fabri an Farel. Thonon 1537 Febr. 5. — Die Genfer Pastoren an die Berner Pastoren 1537 Febr. — Calvin (an Megander) 1537 Febr. — Megander an Bullinger. Bern März 8. — Megander an Bullinger Mai 22. — Der Rat von Bern an den Rat von Lausanne Juni 7. — Calvin an S. Grynaeus. Bern Juni 7. — Caroli an den Rat von Lausanne. Solothurn Juni 16. — Der Rat von Bern an den Rat von Neuchatel. Juni 29. — Miniſtri eccl. Genevenſis miniſtris Tigurinis. Aug. 30. — Pro G. Farello et collegis eius adversus Petri Caroli calumnias defensio Nicolai Gallaſii. 1545. Opp. VII 289.

bisher stets ungefragt thun können. Jetzt aber will man in Bern verhüten, daß Farel in Caroli ungünstigem Sinne wirke, und weist ihn derb zurück: er habe sich um keine andere Kirche zu kümmern, als um die seinige in Genf.¹) Dann, als die Genfer ihren eigenthümlichen Standpunkt in Bezug auf das Trinitätsdogma, der den Angriff Carolis hervorgerufen hatte und in Bern zwar nicht verdammt, aber auch nicht gebilligt worden war, auch ferner und zwar in Verhandlung mit Geistlichen des Berner Gebiets verfechten wollten, wurden sie von der Berner Obrigkeit scharf und unter Drohungen zur Ruhe verwiesen.²) Das geschah im August 1537, und im September fanden sie für gut, sich vor dem Berner Rat zu entschuldigen.

Wir dürfen annehmen, daß die Genfer in diesen Dingen die Hand der Berner Stadtgeistlichen wahrzunehmen glaubten. Ohnehin war das bezeichnete Verhältniß factischer Ueber- und Unterordnung einem guten Verständniß zwischen beiderlei Männern nicht eben günstig. Dazu der Unterschied der Nation. Die Deutschen fühlten sich von der Unruhe und Streitlust der Welschen abgestoßen. Schon in dem Carolischen Streit schien ihnen das Unrecht, wenn auch in der Sache auf Carolis Seite, doch in der Führung der Sache zum guten Teil auf Seiten seiner Gegner zu liegen.³) Dem Unbehagen der Gönner entsprach die gereizte Stimmung

---

1) Der Rat von Bern an Farel. 1537 Febr. 28. Nous somes veritablement advertis que — vous soyez enhardie de vous transpourter aud. lieu de Losanne, pour, scelon noftre advis, esmouvoir quelque falcherie aud. Caroli absent, ce que nous desplaist grandement —. Dont vous admoneftons vous voulloir depourter de voftre emprinse. En ce nous faires plaisir, car nous nentendons aulcunement que sans vocation vous doibies entremesler daultre esglise que de la voftre de Geneve qu est de voftre charge. — Farel an Capito 1537 Mai 5 H V 439 deutet auf diesen Vorgang hin: Belli tempore non sic insaniebant in me insignes theologi: nemo iubebat ut hic me continerem, non edicta in hoc evocabant.

2) Der Rat von Bern an Farel und Calvin. 1537 Aug. 13. Et mesmement eft venu a noftre notice que vous, Caulvin, ayes escript une lettre a certain Francoys eftant a Basle, difante que voftre confession soit efte adprouvee en noftre congregation et nous predicants avoir ycelle ratifiee, ce que ne se constera pas; nins le contraire, que vous et Pharel aves adoncque efte consantant et accordant de subsigne la noftre faicte aud. Basle et vous tenir d ycelle. Dont nous esbaïffons que taches dy contrevenir par tels propos, vous prians vous en vouloir desporter. Aultrement serons contraint dy pourveoir daultre remede.

3) O. Myconius an Bullinger. Basel 1537 Juli 9. Displicet nobis, non dico confeffio per se, sed consilium confeffionis. Quid enim opus erat, de sanctiffima adorandaque Trinitate quidpiam velut in dubium per illam vocare? Deinde Trinitatis et Perfonae vocibus tam iniquum effe, ut eis pertinaciter non utatur ille, quibus eft tamen usus in catechismo? — Istud tamen indicare

der anderen. So wurde schon im September 1537 im Zusammenhang mit der Entschuldigung vor dem Rat zu Bern, auch mit der Berner Geistlichkeit eine Versöhnung notwendig, die sich unter Vermittelung der Baseler und Straßburger Theologen vollzog.[1]) Butzer Capito Grynäus. geistreicher als die Berner und geneigter als sie zur richtigen Schätzung des Werthes der selbstbewußten und empfindlichen Reformatoren französischer Zunge, waren seitdem ohne Aufhören bemüht, nach beiden Seiten Nachsicht und Mäßigung zu predigen und für den Frieden zu wirken. Auch ließen sich die Dinge gut an, so lange Megander an der Spitze der Berner Kirche stand, zu welchem Calvin und Farel Vertrauen gewannen.[2]) Als ihn aber schon Ende des Jahres die inneren Zwistigkeiten Berns zum Sturze brachten und an seiner Stelle Kunz zu maßgebendem Einfluß gelangte, da lassen uns die leidenschaftlichen Anklagen, in welchen Calvin im vertrauten Briefwechsel mit Butzer sich ergieng,

plane libet: iniquillimum effe ita se velle purgare, ut alium adeo turpiter quis accufet. Tales fratres sumus? haec eft mansuetudo chriftiana? Equidem Carolum non defendo, quamvis olim, id eft ante annos duos, ipse se apud me coram defenderit, poftquam a Farello turpiffimis literis huc scriptis effet accufatus de iisdem criminibus. Non tamen probare poffum, taliter eum tractari apud bonos et pios viros. — Scio Carolum publice dixiffe: „Si consenseritis in confeffionem Basileae communiter scriptam, vel in eam quae oblata eft Caesari in comitiis Auguftanis, et subscripseritis Athanafii symbolo, ego vefter ero, nihil contra vos movebor, sin aliter, erit quod ferre non licebit." Quid eft igitur quod istos movet nisi spiritus diffidii, ne quid dicam aliud? — S. Grynaeus an Calvin. Basel 1537 Ende Juni, läßt zwar Caroli gänzlich fallen, aber fügt Bemerkungen hinzu, die nicht dem Caroli gelten. Noftrum eft, in ifta magna rerum difficultate, modis omnibus iungi et divelli minime pati. Peftis eft ecclefiae noftrae una haec pernitiofa maxime, quod suspicionibus valde inter nos laboramus, et fratres de fratribus raro candide vereque sentimus, cum lenire oporteat et in partem optimam omnia trahere, et non ante siniftre de fratre sufpicari quam ipsa res eventusque coegisset. — Aehnlich Capito an Farel Aug. 9.
1) S. Grynaeus an Farel und Calvin. Basel 1538 März 4. Nos certe istinc (von Bern) abeuntes, in extremo complexu, cum vos dulciffimos fratres dimitteremus a nobis, non sine gaudio ac solatio cordium noftrorum reconciliatos, equidem atque equidem iftud hortabamur, ut ne quid cuiquam crederetur temere de fratre deferenti, ut si qua offensa contentione incidiffet, ipsi placide inter vos presentesque componeretis, ut ne letum Satanae regnum faceretis. Ah quam certa cum spe, quam magno cum gaudio poft has pollicitationes discessimus!
2) Nach anfänglichem Unbehagen spricht sich Megander anerkennend aus. Megander an Bullinger 1537 März 8. Gallorum quidam, in ditione noviter occupata, suspecti sunt nobis haud recte de Chrifto personarumque Trinitate sentire; quam ob caufam Calvinus, Bernam veniens, obnixe petiit ut synodus cogeretur, quod abnegatum eft homini usque poft pafchatis. Vide quantum negotii nobis facturi sint Galli illi superftitiofi, ne dicam seditiofi. — Derselbe an dens. Mai 22. Farellus Calvinus multique alii fratres, viri pii ac doctiffimi, malo huius haerefis iniquius aspersi et insimulati sunt. — Ders. an dens. Oct. 13 schickt die Genfer Confeffio über die Eucharistie, quo quid boni viri illi et doctiffimi hisce in rebus sentiant appareat. H IV 310.

die Gefahr der vollzogenen Umwandlung erkennen.[1] Der Simmenthaler Bauer war freilich am wenigsten geeignet, den feingebildeten Franzosen schonend zu gewinnen. Vorerst kam es zu keinem offenen Conflict. Kunz und sein College Meyer konnten sogar den ängstlich zum Frieden redenden Freunden versichern, zwischen ihnen und den Genfern stehe alles gut, bis auf Kleinigkeiten, man müsse die Klagen der Genfer nicht zu ernst nehmen.[2] Aber während des sicht Calvin alles schwarz, was von Bern kommt, sucht hinter jedem mißliebigen Vorgang die Rücksichtslosigkeit oder gar die Schadenfreude und Böswilligkeit des Kunz, hält ihn der schlimmsten Absichten fähig bis zu der Zerstörung der Genfer Kirche, und ruft unter Freunden alle Strafen Gottes auf sein Haupt herab.[3]

1) Calvin an Butzer. Genf 1538 Jan. 12. Non multo poft renunciatum eft, Megandrum exilii causa solum vertiffe, quo nuncio perinde perculsi fuimus ac si Bernenfem ecclefiam maiori ex parte collapsam audiffemus. — Conzenus autem qualis sit, vix audeo effari. Veftra quidem modeftia et lenitate videbatur nobis aliquantulum cicuratus; et nuper miram in negotio noltro sedulitatem prae se ferebat; momentum unum praeteriit, se ipso factus eft deterior. Farellus narrat, se nunquam vidiffe beluam rabiofiorem, quam illum noviffime expertus eft; vultus geftus verba color ipse furias, ut inquit, spirabant. Ergo, utcunque mihi posthac excusetur, donec alium sensero, veneno turgere opinabor. — Grynaeus weist ihn zurecht. Grynaeus an Farel und Calvin. Basel 1538 März 4. Ah Jesu Christe, quis dabit nobis sensum hunc, ut fratri ob communem ecclesiae utilitatem etiam aliquid de nobis nostroque iure concedere parati simus? — Eft utique illud non christiani spiritus et animi adeo nihil ferre a fratre velle. Jesu Christe, citius mille ecclefias dissipabimus quam unam colligemus, nisi omnia fratrum vitia dissimulare parati sumus. Vitia dico qualia sunt quae vos utique disiungunt, quia torve respondit, tumide et inflate agit vobiscum. Quid, mi Calvine, si nos de nobis tam multum sentimus, ut nisi alius tribuat quantum poftulamus nos dari nobis, fuiffe superbus ipse et iniurius videatur? etc.

2) Seb. Meyer an Butzer. 1538 Jan. 30. Opp. X II 146. Cum fratribus Gebennatibus belle nobis, quantum nobis scire licet, convenit. Item et cum Vireto. Quidquid hactenus, postquam abiiftis a nobis, vel ipsi praesentes, vel per literas senatui noftro proponendum sive promovendum poftularunt, diligenter curavimus. Sunt fortaffe levicula quaedam de quibus non oportebat vos multum anxios effe. Sunt nonnunquam de rebus minimis etiam nimium queruli. Idcirco bono interim estote animo, nisi rem explicent ac alicuius momenti effe doceant, in qua illis defuerimus, atque tum nos libere obiurgate.

3) Calvin an Butzer 1538 Jan. 12. Judicio quidem nos ab eo vehementer diffidere fateor, nam quos ad verbi minifterium erigit, dignos effe iudicamus qui in patibulum tollantur. Atque bonos viros qui a nobis probati sint, non audet cooptare, nisi a tota eius regionis, cui destinantur, claffe sint explorati, qui vero a tota claffe indigni sunt pronunciati, non tantum ecclesiaftica functione, sed etiam communione, illos in sinu foret. Qui anabaptismi notati sunt, qui deprehensi in furto, illos obtrudit invitis fratribus. Interim qui eft omnium et pientiffimus et doctiffimus et prudentiffimus in hac vicinia, a praefectis duobus arceffitur capitis, plus quam inhumaniter vexatur, violentiffime tractatur, istis Conzeni emiffitiis strenue in eius ruinam incumbentibus. Quid prae-

In dieser Zeit kam der Gegensatz zur Sprache, der sich an die Berner Ceremonien knüpfte. Von Anfang an, gleich nachdem man die Organisation der evangelischen Kirche auf dem Boden des eroberten Landes in regelmäßigen Gang gebracht hatte, in Folge der October-Disputation zu Lausanne, richtete die Berner Obrigkeit ihr Augenmerk auf Herstellung der Gleichmäßigkeit im Gottesdienst. Durch ein sogenanntes Reformationsedict vom 24. December 1536 wurden die allgemeinen Vorschriften gegeben; dann hatte seit Anfang 1537 eine Commission den Auftrag, von Ort zu Ort diese Vorschriften einzuschärfen und ihre Ausführung einzuleiten.[1]) Die Ungleichmäßigkeit hatte vornehmlich darin ihren Grund, daß Farel während seiner apostolischen Wirksamkeit hier und da im welschen Land nach eigenem Gutbefinden Anordnungen getroffen, dann die Genfer Kirche eingerichtet hatte, ohne sich nach den Geboten zu richten, die im deutschen Gebiete Berns mit Einführung der Reformation nach der Januar-Disputation von 1528 ergangen waren. Die Genfer Kirche war unabhängig; aber auch in der Waadt und den anderen eroberten Landschaften war es natürlich, daß die neuen Predicanten während der kurzen Periode kirchlicher Anarchie im Jahr 1536 sich nach dem Muster Genfs einrichteten und Farels Rat in jedem Zweifelsfall einholten.[2]) Der Unterschied gegen Bern lag darin, daß Farels Kirchen in der Abwendung von

---

sagiemus ex talibus exordiis? Flagella dum se excitare nobis putat, vereor ne ruinam sibi machinetur. Et sane, si ita eft Domini voluntas, laqueo potius quem intendit irretiatur, in foveam quam paravit praeceps ruat, quam ecclefiae Chrifti tantum moleftiarum faceffat diutius! Id Bernae multis cordatis viris causam veftram valde exosam reddit, quod ablegato paftore trucem beftiam sibi relictam effe vident. — — Praeteriveram quod poftremo loco habendum non erat. Omnibus enim miniftris qui vicinis ecclefiis praesunt interdictum fuit, ne quid haberent negotii nobiscum aut ullo modo communicarent. Vide quo spectent ista diffidiorum argumenta, nisi ut ecclefiae penitus perdantur. Et id Conzeno acceptum referimus. — Die zuletzt berührte Maßregel scheint nicht von Bern aus dictirt worden zu sein, da sie sonst nicht bloß für die Aemter Gex und Ternier, sondern auch für Thonon anbefohlen worden wäre. Auch würde sonst der Rat von Bern am 28. März sich mit der Aufhebung der Maßregel begnügt, und nicht einen ausdrücklichen Tadel derselben hinzugefügt haben. H IV 464. — Noch schärfer lautet das Urteil Calvins über Kunz in dem Briefe an Bullinger vom Juni: Cunzenus quia nos evertere non poterat sine ecclefiae ruina, non dubitavit illam nobiscum trahere.

1) Der Rat von Bern an die Predicanten im Savoyer Land 1537 Jan. 5.
2) Fabri an Farel, Thonon 1536 Dec. 20. Scribe mihi de Dominica coena, de diebus festis et de desponsandorum ordine ac proclamationibus, quid hic maxime expediat. Cuperem veftrum in (externis usum) omnino imitari, sed aegre patiuntur nonnulli qui Bern. Consuetudines noverunt.

den Einrichtungen der alten Kirche um einige Schritte voraus waren: man setzte nämlich die Taufsteine außer Gebrauch, nahm gewöhnliches Brot zum Abendmal, schaffte alle Feiertage ab und feierte nur den Sonntag, während Bern vier Feste beibehielt: Weihnachten und Neujahr, Maria Verkündigung und Christi Himmelfahrt. Auf keiner von beiden Seiten war man in der Stimmung, die Wichtigkeit des Unterschiedes zu überschätzen. Bern ließ den größten Teil des Jahres 1537 vergehen, ohne nachdrücklich Hand anzulegen; und Farel empfahl zwar die Genfer Einrichtungen, wies aber gern in jedem vorkommenden Fall auf die Erbauung der einzelnen Gemeinde als leitenden Gesichtspunkt.[1]) Erst im October 1537 ergieng eine neue Instruction an die Berner Amtleute: auch jetzt mit dem mäßigenden Vorbehalt, daß man nur dort mit der That vorgehen solle, wo kein Aergerniß zu befürchten sei.[2]) Und auch jetzt war es nicht Genf, das zum Widerstand den Anstoß gab. Im Gegenteil: es ergibt sich aus der Correspondenz des Christoph Fabri, der zu Thonon an der Spitze der Classe stand, mit Farel, daß der erstere im Anfang über die Berner Zumutungen sehr aufgeregt war und erst nachträglich die Sache milder auffaßte, daß in der Folge seine Collegen großenteils zum Widerstand bis zum Bruch geneigt waren, und Fabri sich mit Erfolg bemühte, ihren Unwillen zu beschwichtigen und eine Vermittelung anzubahnen;[3]) beides kaum anders erklärbar als durch ein versöhnliches Einwirken der Genfer Freunde, welches in den leider verlorenen Briefen Farels seinen Ausdruck gefunden haben mag. Zuletzt nahm Bern sogar in Aussicht auch Genf zum Anschluß zu bewegen. Es liegt kein Grund vor, an Nebenabsichten irgend welcher Art zu denken. Die Genfer Kirche stand in so innigem Zusammenhang mit

---

1) Farel an Fabri, Genf 1536 Dec. 23. Diem nativitatis et alios uno habemus ordine. Tu vide quid aedificet.

2) Fabri an Farel, Thonon 1537 Oct. 13. — Ders. an dens. Nov. 12.

3) Fabri an Farel, Thonon 1537 Nov. 19. Conatus sum apud fratres pro viribus extenuare periculosum hoc negotium sed pene frustra. Omnes enim prius exculturi sunt illorum jugum, quam ut eo pareant quod non sine magno rei christianae offendiculo sibi licere asserunt. Atque tandem in hanc itum est sententiam, ut Alexander (alioqui iturus) mecum Bernam proficiscatur et Dominos omnium nomine rogemus per Christum, ut offendiculorum rationem habeant etc. — quod si illi, nulla offendiculi ratione habita, id rursus praecipiant, aut immorigeros amandare velint, id fratribus significaturi redibimus; nec illis ultra responsabimus, nisi quod timemus ne piis fratribus hac ratione privemur, quod molestum sane nobis effet.

den anderen welschen Kirchen, daß jede neue Ordnung, die einen Gegensatz zu Genf zu Wege brachte, widernatürlich war; und die bisherige Haltung der Genfer Predicanten und das nicht unfreundliche Verhältniß, das zwischen ihnen und dem Berner Rat bestand, ermutigten zu dem Versuch, die Neuerung auf Genf auszudehnen.

6.
Die Katastrophe.

Der Gegensatz in der Auffassung des Streitpunktes zwischen dem Berner Rat und den Häuptern der Genfer Kirche ist an und für sich sehr gering. Auf beiden Seiten ist man davon überzeugt, daß man das Abendmal sowohl mit gewöhnlichem als mit ungesäuertem Brod halten, daß man am Taufstein oder ohne ihn taufen, daß man an den vier Feiertagen feiern oder arbeiten könne, ohne dadurch der hl. Schrift und der rechten Lehre entgegen zu handeln. Wenn man ferner auf der einen Seite warnend hinwies auf die Abneigung gerade der andächtigen und frommen Glieder der Gemeinde gegen jede Aenderung im Ritus, so hatte auch Bern durch sein Zögern und dann durch sein behutsames Vorgehen den Wunsch, Aergerniß zu vermeiden, thatsächlich an den Tag gelegt. Es blieb übrig, daß die einen auf die Freiheit der Einzelkirche das größere Gewicht legten, während die anderen den Vorteil der Gleichmäßigkeit rühmten, und da auch hier keiner der beiden Teile des anderen Standpunkt principiell abwies, so sieht man nicht, was beide hätte hindern können, zu einem Compromiß zu gelangen.[1])

Verändert wurde die Lage erst durch das schroffe Eingreifen der Genfer Gemeinheit, an welchem sich dann die Genfer Obrigkeit beteiligte.

---

1) In dem Vorwort zu der im März 1538 erschienenen lateinischen Ausgabe des Katechismus, welches also vor dem März, zu einer Zeit, da die Ceremonienfrage für Genf noch nicht brennend geworden war (ich wage nicht, mit Rilliet l. c. lxxxj, die Zeit der Abfassung noch genauer zu bestimmen), niedergeschrieben worden ist, wendet sich Calvin zum Schluß an die evangelischen Amtsbrüder mit einer Ermahnung zur Eintracht, bei welcher Gelegenheit er das Drängen auf Gleichheit des Ritus in starken Ausdrücken tadelt. Si coniunctionis pacisque studium eft, doctrinae potius animorumque urgeamus unitatem quam caeremoniis ad unguem conformandis morosius invistamus. Indignissimum eft enim, ut in quibus libertatem Dominus reliquit, quo maior effet aedificandi facultas, servilem praeterita aedificatione conformitatem quaeramus. Aber auch hier sieht man, daß, wofern die aedificatio gewahrt bleibt, ihm ein Nachgeben möglich ist.

Indem man über einen kirchlichen Gegenstand rasch entschied, ohne sich
der Zustimmung der Geistlichen zu versichern, ja ohne ihr Gutachten zu
verlangen, und ohne sie nur zu Worte kommen zu lassen, setzte man
sich über Herkommen, Recht und Billigkeit hinweg und fügte den kirchlichen Häuptern Genfs eine Kränkung zu, die um so empfindlicher wirkte,
je deutlicher und unverhohlener die Absicht der Kränkung sich kund gab.
Welche Wirkung die Beleidigung haben, welchen Einfluß sie auf
die Haltung der beiden Männer, insbesondere Calvins, äußern werde, das
mochten die, welche Calvin und seinen Genossen näher kannten, unschwer
voraussagen. Grynäus weiß wo die Gefahr liegt. Darum, als er am
12. März auf die ersten Nachrichten von den Genfer Vorgängen zur
Feder greift,[1]) appellirt er an ihre christliche Milde und Demut, hofft,
daß sie von dem gerechten Schmerz über die ihnen widerfahrene Verachtung sich nicht überwinden lassen, daß sie dem Hasse gegen die,
welche sich so gehässig erwiesen haben, nicht nachgeben, daß sie ihrer
selbst vergessen und nur Christi gedenken werden. "Wir müssen für
unsere Feinde beten", ruft er ihnen zu. Und vor allem zutreffend erscheint uns die Mahnung: "wir können auch dem Geringsten, und auch
wenn er sich ganz undankbar gegen uns erwiesen hat, uns unterwerfen."

Leider besitzen wir aus den Monaten März und April keine Aeußerung
von ihnen, und sind also darauf beschränkt, aus ihrem Handeln oder Unterlassen Schlüsse zu ziehen. Wenn wir nun bis zum 19. April keine Spur

---

1) S. Grynaeus an Farel und Calvin, Basel 15** März 12. *Ore ros per D minum o*
nos primo quoque tempore liberetis solicitudine ingenti, de rebus omnibus scribendo. Spero in
Dominum Christum vos christiana lenitate ac humilitate omnes adversarios superaturos et omnem
etiam occasionem restri evangelii calumniandi hostibus adempturos. O a..ntuliantes irae Sathanae
oculos et accensum studium in restrum ministerium deniciendum' sed agite, agite, fratres mei
charissimi, optima ac sanctissima pectora, ermis omnibus christianae militiae induti, ac isto prae-
sertim iniquissimi temporis momento fidelissime instructi, stemus, ac ad negotium Domini fortibus
animis, inricto pectore, redeamus. Non cdium rerum, qui se in hac causa odiosos rere prebent,
superet! Ne enim como- hi qui etiam pro inimicis orare, nedum ferre et amplecti possumus
Non populi stolta indicia, et stulto- levisque popularis iudicii metu- nse hi labefaciat, qui lux
rumos mundi et subiicere nos inimo cuique etiam ingratissimo possumus. Non deber ex s.ntempto
*iustus nos frangat, qui nihil doleres didicimus quando eum n*bi- Sathan arse sua regotiom* [...]ini*
perturbat. Oro, charissimi fratres, oro tre per viscera Christi, retocare in animum omnes p.etatem,
omnem sapientiam restiti. Jam ros restra virtute a septantia labefrtem istis ec...com, ad mano-
restrat reroratam, iterum do.e Deo, sic ot coepist, tueamini a. regatus ti quod mure est, quae
*solida et rera lau- restra, si in solum Christum respicientes, r*bin in hac causa t ta Christi- ni'*
Dominoe Jesus Christus extremet mentem restram ed en- eos ipsive san"cem. Amen.

von einer Verhandlung über irgend welchen Gegenstand zwischen ihnen und der Obrigkeit finden, so dürfen wir wohl ein absichtliches Schweigen der Predicanten annehmen und darin eine schroffe Antwort auf die erfahrene Kränkung erkennen.

Auf ein Schreiben von Bern vom 5. März, welches eine Synode zu Lausanne auf den 31. März zu dem bekannten Zweck ankündigte und die Sendung Farels und Calvins dorthin beantragte, war am 12. der entsprechende Beschluß des Großen Rates erfolgt. Ein Schreiben vom 20. stellt die Bedingung, daß Genf und seine Predicanten sich vorher entschließen, in Hinsicht der Ceremonien sich mit Bern zu conformiren; ersucht den Genfer Rat. sich darüber freundschaftlich mit den Predicanten zu verständigen, damit dieselben zur Synode zugelassen werden; im anderen Falle könne erst nach dem Schluß der Versammlung mit ihnen besonders verhandelt werden.[1]) Am 26. melden die beiden ihre bevorstehende Abreise nach Lausanne; und es wird beschlossen, ihnen einen Ratsherrn mitzugeben.[2]) Am 28. wird die Abfertigung eines Briefes nach Lausanne beschlossen. den man den beiden zeigen will. Am selben Tag reisen sie ab, über Thonon. um Fabri mitzunehmen, nach Lausanne.[3])

Sie nehmen an der Synode keinen Anteil. Wenn Bolsec erzählt, sie hätten es aus Hochmut unterlassen und wären unterdes mit Ostentation in Stadt und Umgegend müßig umher gewandelt, so erkennen wir darin das Urteil der Genfer Gegenpartei, aus deren Kreis die Nachrichten Bolsecs stammen. Es erscheint vielmehr ihre Haltung Bern gegenüber ganz und gar nicht herausfordernd. Hätten sie ihren Einfluß auf ihre zahlreichen Freunde in der Synode. voran auf Viret und Fabri, gegen Bern wenden wollen, so wären die Beschlüsse der Versammlung gewiß nicht einstimmig so günstig für die Berner Forderungen ausgefallen. wie es in der That geschehen ist. Wir dürfen im Gegenteil annehmen, daß gerade ihrem Einflusse dieß befriedigende Ergebniß zu danken war.[4])

---

1) Der Rat von Bern an den Rat von Genf 1538 März 5. H IV 403 Anm. — Ratsprot. März 12. — Der Rat von Bern an den Rat von Genf März 12.

2) Ratsprot. 1538 März 26. Der Ratsherr war nicht Jean Philippe, sondern Jean Philippin. R I 82.

3) Ratsprot. 1538 März 28. — Fabri an Farel, Thonon 1538 März.

4) Diese auf die Acten gegründete Anschauung findet eine auffällige Bestätigung durch ein Fromentsches Fragment (Froments Papiere auf der Genfer Bibliothek) mit dem Titel Comment et

Vergleichen wir nämlich die Lausanner Beschlüsse[1]) mit den Concessionen, die Calvin und Farel etwas später in Zürich gemacht haben, so decken sich beide fast gänzlich. Beidemal werden die Taufsteine zugelassen, beidemal das ungesäuerte Abendmalbrot, beidemal zu letzterem die Bedingung hinzugefügt, daß das Brot gebrochen werden soll; beidemal werden die vier Feiertage zugestanden, und nur der eine Unterschied tritt hervor, daß die Lausanner die Bitte anfügen, man möge nicht zu streng sein gegen die, welche ohne bösen Willen an den vier Tagen ein wenig arbeiten, während Farel und Calvin geradezu die Freiheit der Arbeit, für die, welche arbeiten wollen, verlangen. Ersichtlich ist der Standpunkt der Reformatoren jetzt wie früher und später, über diese Dinge es weder in der Waadt zur Auflehnung gegen Bern, noch in Genf zur Trennung von Bern kommen zu lassen; sie wollen allein die Selbständigkeit der Kirche überhaupt, und hier zu Lausanne insbesondere die Selbständigkeit der Genfer Kirche behaupten. Darum bleiben sie der Synode fern, und erst nach ihrem Schluß am 4. April beginnen ihre Sonderverhandlungen mit dem Berner Präsidium, das aus den beiden Predicanten Kunz und Ritter und zwei Ratsherrn besteht. Der Streit wird lebhaft geführt, hauptsächlich zwischen Calvin und Kunz, der dritte

---

pourquoy furent defchalfez les predicans de Geneve, aus welchem Stellen mitgeteilt sind von Herminjard V 295. 456 und von Dufour in seiner Notice zum Katechismus CCLIII. Unsre Stelle lautet: Or la divifion en fuft si grande que fallut tenir ung synode de cecy a Lausanne de la part de Messeigneurs de Berne, et celuy qui ne voullut consentir a ces festes et aulx aultres seremonyes sen fallut aller, et peu sen trouva qui auserent resister voyans que Berne et leurs predicans le vouloyent ainsi. Et auffi que Farel et Calvin nen tindrent conte, ains sen allerent a estrousbourch et layfserent cela sans resister en face. Car plusieurs sils euffent veu quilz euffent tenu ferme neuffent pas consenti, ains euffent plus tost endure deftre defchalfes. Von einer Reise der beiden nach Straßburg gibt es sonst keine Spur; wenn man nicht das Wort cherchée in dem Brief des Rats von Bern an Calvin und Farel vom 15. April entsprechend auslegen und den in dem Brief Farels an Calvin, II V 81, erwähnten Vorwurf des Jean Lecomte hierher ziehen will.
1) H IV 413. Acta synodi Lausannensis 4. Aprilis 1538. Fratres omnes qui ad Lausannenfem synodum convenerunt, communibus suffragiis et unanimi consensu admiserunt probaruntque ceremonias et ritus Bernenfis ecclefiae, quae nobis in synodo sunt propofita: nempe, baptisare ad lapidem sive baptisterium, uti panibus asymis in coena Domini, hac tamen lege ut ad nullam certam panum formam adigantur, sed qui frangi poffint, et constituantur qui tales panes suppeditent et curent conficiendos. Neque magis abhorrent a diebus feftis, hoc solum obnixe rogant, ut magnificis Dominis placeat remittere nimis exactam iftam quorundam praefectorum severitatem, si qui alioqui viri boni et de causa pietatis optime meriti, minime malo animo aut studio contradicendi et perturbandae tranquillitatis ecclefiae, aliquid operis egerint; sed iftam potius severitatem exerceant in scortatores aleatores et ebriosos, quibus sunt longe clementiores.

Punkt bildet die Hauptschwierigkeit;¹) das Ende des Ganzen ist weder Ablehnung noch Annahme, sondern die Genfer begehren Suspension und daß die Sache der bevorstehenden Synode von Zürich vorgelegt werde.²) In der Sache war von einer Beratung der Eidgenössischen evangelischen Theologen zu Zürich wohl keine Aenderung zu erwarten, so wenig als von den Gutachten der Baseler und Straßburger Theologen, die auf Verlangen Calvins und Farels in dieser Zeit erstattet und zugleich mit den Lausanner Acten dem Berner Rat vorgelegt wurden.³) Was konnten sie anders sagen als, worüber auch die Streitenden einig waren, daß nämlich die Berner Ceremonien zulässig seien so gut wie ihr Gegenteil, und daß man bei dieser Frage sowohl die Freiheit der Einzelkirche als das Interesse der evangelischen Gesammtkirche in Betracht ziehen müsse? Aber in der Form war es ein werthvoller Unterschied, ob die Genfer Kirche sich dem Gebot der weltlichen Obrigkeit und dem Drängen Berns unterwarf, oder ob sie einen kirchlichen Ratschlag befolgte. Diesen Gesichtspunkt hielt Calvin fest: unterwerfen wollte er sich, aber die Unterwerfung sollte unter kirchlicher Autorität erfolgen, und überdieß behielt er sich vor, in der Form der Unterwerfung seine und seiner Kirche Würde zu behaupten,⁴) und auch dazu sollte die Gesammtkirche ihre Gutheißung und ihren moralischen Schutz leihen.

Die beiden Predicanten kehrten nach Genf zurück, und wieder hören wir von keiner Verhandlung irgend welcher Art mit dem Rat; sie scheinen nicht einmal einen Bericht über die Lausanner Vorgänge erstattet zu haben. Wenn es so sich wirklich verhält, so war dieß Benehmen in den Augen der Gegner Trotz bis zur Auflehnung, und erschwerte jeden Schritt der

---

1) Farel und Calvin an Bullinger, Basel 1538 Juni. Dort wird das Gespräch mit Kunz zu Bern erzählt. Novi, inquit, levitatem et inconstantiam veftram plus satis; nam in conventu afferebatis, vos fuiffe Laufannae paratos nobis in duobus cedere capitibus, in tertio duntaxat restitiffe, cum illic ne tantillum quidem concedere volueritis nobis, imo ne audire quidem nos sustinuiftis. Quid ergo? dicebamus, annon meminifti placidiffime inter nos tuiffe actum, et de feriis tantum haefiffe controversiam?

2) Der Rat von Bern an Calvin und Farel 1538 Apr. 15. En ce vous plaise, pour l'amour de nous et pour le bien d'union entre nous, condefcendre, non suspendant l'affaire jusque à la journée qui soy tiendra à Zurich.

3) Ibid. Après qu'avons entendus la conclufion du seine de Lausanne, auffy les propoſts qu'avés tenus audit lieu, et en partie la consultation qu'avvés cherchée à Strassbourg et Basle etc.

4) Vgl. die der Züricher Synode überreichten Artikel, wovon später.

Annäherung, wenn dazu irgendwo der gute Wille vorhanden war. Dennoch war es noch möglich den verderblichen Zusammenstoß zu vermeiden. Es lag in Berns Hand. Wenn man in Bern sich mit der Unterwerfung an und für sich, ohne Rücksicht auf die Form begnügen wollte und im übrigen gegen die Predicanten, über die man doch wenig zu klagen hatte und für deren Bedeutung für die evangelischen Interessen in Genf und über Genf hinaus man nicht ohne Verständniß war, sich von wohlwollenden Rücksichten leiten ließ, so brauchte man nur an den Genfer Rat zu schreiben, man habe den Aufschub der Entscheidung bis zur Züricher Synode gut gefunden. Hätte an der Stelle von Kunz ein Mann wie Megander damals dem Berner Rat zur Seite gestanden, so wäre es vermutlich, wenn nicht schon früher, doch wohl jetzt zu einem Einvernehmen zwischen Bern und den Predicanten gekommen. Aber Kunz, schon vorher ärgerlich gestimmt gegen diese Welschen, hatte überdieß von der Lausanner Disputation nicht die besten Eindrücke mit nach Hause gebracht; und der Rat glaubte sehr viel zu thun, indem er dem Genfer Rat am 15. April zugleich mit der Meldung von den Lausanner Beschlüssen und mit der Bitte um die Ausführung des Anschlusses, den Wunsch nach vorgängiger freundlicher Verständigung mit den Predicanten aussprach,[1]) und sogar einen gnädigen Brief an die Predicanten selbst beilegte, mit der Bitte, Bern zu Liebe und der Einigung zu gut von der Suspension abzustehen.

Mit dem Eintreffen dieses Schreibens am 19. April begann eine Bewegung in Genf, die mehrere Tage dauerte und erst mit der Verbannung der Reformatoren ihren Abschluß fand. Es ist schwer, aus den dürren Notizen der Ratsprotokolle[2]) eine annähernde Vorstellung von ihrem Verlauf und eine Ahnung von ihrem Charakter zu gewinnen.

---

1) Der Rat von Bern an den Rat von Genf 1538 Apr. 15. Puis qu aves desirez de vous faire conformes quant aux cerimonies avec nous, nous voulons bien nottifier la conclufion du seine dernierement tenu à Laufanne, qu'eft tieule: etc. — A cefte caufe, pour entretenement de union entre voftres et noftres esglises, vous prions et admoneftons fraternellement d'accepter mesme forme, et avec vous miniftres maiftre Calvin et Farel amyablement sur ce convenir, aux quels nous avons aully escript pour ce mesme affaire, espérant que, puis bien qu'il ayent faict quelque difficulté, il adviseront du mieulx pour conformité des dictes esglises.

2) Ratsprot. Opp. XXI. 223—224. Apr. 8. Touchant M. Coreau predicant lequel en saz predication as blasme Messieurs, resolu de luy faire les remonstrances et le mander en conseyl.

Die Sitzung, zu der sich der Kleine Rat am 19. versammelte, scheint, vielleicht mit Unterbrechungen, ungefähr den ganzen Tag gedauert zu haben. Nachdem man Kenntniß von dem Berner Schreiben genommen, wurde zuerst darauf hingewiesen, daß man gemäß dem Willen der allgemeinen Bürgerversammlung die Annahme der Berner Ceremonien beschlossen habe. Da für übermorgen, den Ostersonntag, ein Abendmal bestimmt und bereits in der Vorbereitung begriffen war,¹) so mußte also dieß Abendmal nach Berner Ritus gefeiert werden. Doch wird für gut gehalten, den Predicanten das Berner Schreiben bekannt zu geben. Sie werden gerufen, der Brief wird vorgelesen und sie werden gefragt, ob sie die genannten Ceremonien halten wollen oder nicht. Sie antworten mit der Bitte, bis Pfingsten nichts zu ändern, bis dahin werde eine Synode zu Zürich und Straßburg stattfinden.²) Unter gewöhnlichen Ver-

---

Apr. 19. Recuye une missive de Berne touchant du seyne tenus az Laufanne pour adviser si voullons observer les ceremonies comprises en ycelle lesquelles az efte resoluz dobserver selon le grand conseil general. Non obstant az efte advise de monstrer ladite miffive az Farel et Calvinus predicans. abquieulx leur az efte lyseuz et leur az efte faict les remonstrances voyr si veullent observer les dites ceremonies ab non, et leur az efte donne terme pour respondre. Resoluz que lon doyge suyvre az laz forme de la dite miffive specialement touchant laz cenne. Lesdits predicans ont prie de non point volloyr fere chose de noveau jusques az laz penthecoste et que entre cy et la se tiendraz un seyne az Zhuryt et Estrabour.

Resoluz que Coreau predicant ne prefche plus jusques az ce que le droyt soy tenus des parolles par luy proferees en laz ville et denvoyer M. le soultier luy aller fere laz deffence et si ne veult obeyr quil soyt detenus en prison.

Az efte resoluz que la cennaz se falle sil eft poffible fere az laz forme de la dite miffive, cart az icelle lon se veult tenyr.

M. Henrys predicant ayant parle avecque les susnommes predicans az verballement refferuz quil ne prefcherey point voyant que lon ne ce povoyt pas accorde les predicans az cefte ladite cenne. Messieurs on proteste contre tous troys Farel Calvinus et Henry az cause quil ne veule observer le contenuz de ladite missive et de fere le rapport laz ab seraz convenable le fere.

Resoluz daller trover Calvinus et Farel predicans voyr si veullent prefche az laz forme az eux proposee abjourduy selon laz miffive de Berne, sy non daller envoyer querre les deux predicans que M. le baillifz de Ternier nous az presente.

M. le soultier eftant revenus devers Farel et Calvin az refferuz que totallement ne veullent precher ny donner laz cenne az laz forme de la dite miffive.

1) Ratsprot. 1538 Apr. 18. R I 86.

2) Farel und Calvin behaupten überdieß: jamais navons simplement rejecté ycelle conformité, mais plus tost, au contraire, protesté que nous voullions regarder en quelle manière elle se pourroit bien traicter pour l'édification de l'Esglise. So steht es in dem Klagzettel, den sie am 27. April dem Berner Rat überreichen. Darauf antwortet der Genfer Rat in seinem Schreiben vom 30. April: ne povons bonnement penser comment maiftre Farel et Calvinus son si ardys de

hältnissen läßt sich denken, daß der Rat diese Bitte gewährt haben würde, aber in Betracht der bisherigen wenig verbindlichen Haltung der Predicanten gegenüber der Obrigkeit und unter dem Druck der öffentlichen Meinung ist die Ablehnung erklärlich und fast, möchten wir sagen, zu rechtfertigen.

Dann kamen die Ausfälle zur Sprache, welche sich neuerdings Elie Coraud gegen die Obrigkeit sowohl auf der Kanzel als in der Stadt erlaubt hatte. Derselbe war schon einmal, vor zehn Tagen, wegen des gleichen Vergehens mit einem Verweis bedacht worden. Jetzt spricht der Rat das Predigtverbot gegen ihn aus, bis er vor Gericht sich verantwortet habe, und bedroht ihn durch den Ratsboten im Fall des Ungehorsams mit dem Gefängniß.

Der vierte Predicant, Henry de la Mare, erscheint vor dem Rat und berichtet über ein Gespräch, das er mit Farel und Calvin gehalten; vielleicht im Auftrag des Rates? Das Ergebniß ist, daß alle drei sich weigern die Predigt zu dem Abendmal nach Berner Ritus zu halten, da eine Verständigung mit den Predicanten nicht stattgefunden habe. Unterdes hat in einer Conferenz mit Ratspersonen der in der Stadt anwesende Amtmann von Ternier auf zwei fremde Predicanten hingewiesen. Man beschließt, Calvin und Farel zu beschicken, und wenn sie die Frage, ob sie das Abendmal gemäß dem Berner Schreiben halten wollen, verneinen, die Predicanten des Amtmanns holen zu lassen. Der Ratsbote kommt zurück mit dem Bescheid: sie weigern ganz und gar. Predigt und Abendmal gemäß dem Berner Schreiben zu halten.

Aus dem Bericht des de la Mare, dessen richtige Deutung wir um so unbedenklicher glauben getroffen zu haben als eine spätere Aeußerung Calvins dasselbe sagt, geht hervor, daß die Reformatoren sich ihrer Obrigkeit gegenüber auf das Schreiben Berns und auf die dort ausgesprochene Bitte um freundliche Verständigung zwischen dem Rat von Genf und seinen Predicanten berufen und darauf fußen, gleich als ob Bern damit ein Gesetz für das Verhältniß zwischen Staat und Kirche zu Genf geben

---

informe vous dictes Excellences contre verité. Car totallement lesdits Farel et Calvinus nont voulsu jamays, en sorte que ce soyt, accorder de fere la cenne, ny observer les ceremonies coranne par vousdites Excellences nous az elte rescript etc.

wolle und könne, aus welchem sich dann ein Rechtsanspruch für sie ableiten lasse. Es ist schwer, und bei der Mangelhaftigkeit der Zeugnisse doppelt schwer, dem Gedankengang Calvins in diesen Tagen nachzugehen, wo Aufregung und Erbitterung so deutlich das gewohnte Gleichgewicht seines Geistes gestört haben. Während er Bern, auch nach der Verbannung, unbedenklich als die höhere Instanz über der Genfer Obrigkeit auffaßt, wird es fraglich, ob ihm die Genfer Obrigkeit selbst überhaupt noch eine Instanz geblieben ist, ob nicht vielmehr die Handvoll Aufrührer[1] — so bezeichnet er später den Rat von Genf — überhaupt jeden Anspruch auf Gehorsam und Unterwerfung Calvins eingebüßt haben.

Am nächsten Morgen in der Frühe besteigt Coraud die Kanzel, ohne auf das Verbot zu achten, und wird ins Gefängniß geführt. Darüber kommt es sofort auf dem Rathaus zu einem außerordentlich heftigen Auftritt. Es stand fest, daß der blinde Mönch die Obrigkeit oftmals in ungebührlicher Weise auf der Kanzel angegriffen hatte; ob die Reden, die man zuletzt ihm Schuld gegeben. z. B. daß er die regierenden Herrn als Trunkenbolde bezeichnet, von wächsernen Füßen des neuen Regiments gesprochen und dergleichen,[2] richtig bezeugt seien, wurde in Zweifel oder in Abrede gestellt. Von dem Verbot der Kanzel, sagte er selbst, habe er sofort an den Großen Rat appellirt, und so lange dieser nicht gesprochen. habe das Verbot keine Geltung. Daß die Obrigkeit den Gehorsam eines Predicanten durch Verhaftung erzwingen wolle, schien den Freunden desselben nicht allein unzulässig, sondern geradezu eine Schandthat. Farel und Calvin voran, zwölf Häupter der Partei Sept mit ihnen. darunter Michel Sept selbst. außer ihm drei andere Ratsherrn, Curtet, Pertemps. Perrin, stürmen auf das Rathaus und dringen auf die Syndics ein, mit den heftigsten Vorwürfen: das sei schlecht. schändlich, gegen alles Recht. Man forderte die Berufung des Großen Rats. „Sie werden predigen," rief Sept — will sagen, ihr mögt wollen oder nicht. „Ohne mich," rief Farel den Syndics zu, „wäret ihr nicht an diesem Ort." Die Syndics ließen sich nicht einschüchtern, erörterten den Fall und hielten das Recht der Obrigkeit aufrecht. giengen auch nicht auf den

---

[1] Pauci seditiofi. H V 24.
[2] R I 87.

Antrag ein. Coraud gegen Bürgschaft frei zu geben: die lärmenden Bittsteller mußten unverrichteter Sache abziehen.¹)

Farel und Calvin hatten bei dieser Gelegenheit auf die Frage der Syndics, ob sie den Berner Ordonnanzen sich unterwerfen wollten, geantwortet: wir werden thun, was Gott uns befiehlt, nichts anderes. Den Tag über hat man noch mehrmals versucht, sie durch Zureden zu gewinnen; unter anderen gieng Nikolaus von Dießbach, Bernischer Amtmann zu Thonon, ein unter den evangelischen Genfern beliebter Herr, auf Bitten des Rats zu ihnen.²) Es ist ihnen sogar, wie sie selbst angeben, der Vorschlag eines Compromisses gemacht worden: man wolle sich den Aufschub bis zur Synode von Zürich gefallen lassen, wenn sie auf die Entfernung Corauds von dem Predigtamt eingiengen. Sie haben auch das abgelehnt, wie sie sagen, weil es gegen das ausdrückliche Gebot der hl. Schrift verstoße.³) Der Rat, der allem Anschein nach gern das Aeußerste vermeiden wollte und nur wünschen mochte, die Predicanten zu irgend einem Zeichen der Anerkennung seiner obrigkeitlichen Gewalt zu bewegen, that jetzt notgedrungen den letzten Schritt: er schickte den Ratsboten zu ihnen, die Frage noch einmal zu wiederholen, und im Fall der Weigerung ihnen für morgen die Predigt zu verbieten. Man werde andere finden, fügte er hinzu. Der Ratsbote traf nur Calvin, welcher erst darauf hinwies, man habe sich nicht nach dem Inhalt des Berner Schreibens gerichtet, — soll heißen, wie wir verstehen, man habe mit den Predicanten sich nicht in freundlicher Weise verständigt. — sodann seine Weigerung wiederholte, worauf der Ratsbote ihm das Predigtverbot verkündigte.⁴) Als Stellvertreter wurde Henry de la Mare be-

---

1) Ratsprot. Apr. 20. Opp XXI 224—225. — Die Klagen Calvins und Farels vor dem Rat von Bern vom 27. April, II IV 422.
2) Der Rat von Genf an den Rat von Bern. Apr. 30. combien non pas par une, ny deux, ne troys foys, mais par plusieurs, charitablement nayen efte pryer, comment les seigneurs de Diesbach et Hoblemant en son affes informes; lequel seigneur de Diesbach allames prier quil fust son bon playsir de reprier les dictz Farel et Calvin, laz quelle chose fist.
3) Die Klagen Calvins etc. Davantaige il appert que ceft une vaine couverture, veuz quil eftoyent prets de nous accourder que cestuy affaire feust differe jusque a lallemblee de Zurich, moyennant que nous voulsiffions accorder que noftre compaignon feust rejecter de loffice de predication. Et pour ce que contre la deffence expreffe de lescripture navons voulsus consentir, par despict il commencearent de nous preffer de plus pres.
4) Ratsprot. Apr. 20. Opp. XXI 225. Az efte resoluz encore une fois daller prier Farel et Calvin voyr si veulle precher demain et donne la cenne az laz forme de laz miffive, si non en cas

zeichnet, der sich jetzt bereit finden ließ. Ob auch für die andere Kirche ein Ersatz gefunden worden ist, — denn in zwei Kirchen erwartete am anderen Tage die Menge das Abendmal —, oder ob Henry zuerst in der einen, dann in der anderen Kirche Predigt und Abendmal halten sollte, ist unbekannt. Calvin und Farel hatten es anders beschlossen. Noch am Abend des 20. brachten sie Henry unter Androhung der Excommunication zu dem Entschluß, des anderen Tages der Kirche fern zu bleiben.[1]) Am Ostersonntag bestiegen sie die Kanzeln zu S. Peter und S. Gervais und erklärten, sie würden das Abendmal nicht austeilen, und zwar nicht um des Brodes willen, denn das sei eine gleichgültige Sache, die in der Freiheit der Kirche stehe, sondern weil sie, so lange das Volk nicht besser disponirt sei, das heilige Mysterium profaniren würden. Zum Zeugniß dessen wiesen sie hin auf die in der Stadt herrschenden Unordnungen und Greuel, einerseits auf die Blasphemien und Verhöhnungen Gottes und des Evangeliums, anderseits auf die Unruhen und Spaltungen. Oeffentlich und ganz straflos verspotte man tausendfach das Wort Gottes und insbesondere das Abendmal. So haben die Reformatoren selbst in Bern später den Inhalt ihrer Predigt angegeben.[2])

Wir zweifeln nicht, dass in diesen Tagen das Volk von Genf sich nicht in der geeigneten Gemütsverfassung befunden hat zur Feier des Abendmals, und die Predicanten eine wohlbegründete Scheu tragen

---

de reffus qui se doyient deporter de prescher demaien cart lon en trovera daultres. Et az efte envoye M. le soultier vers eulx. Luy eftant revenus az refferuz quil navoy trove que Calvin lequel az responduz que lon navoy pas obferve le contenus de ladite lettre; non obstant de fere laz cenne comment eft contenus en yeelle naz faict telle responce, et alors ledit soultier laz deffenduz laz predication et quil sen dhussen deporter.

1) Ratsprot. Apr. 21. Lon az commande az M. Henry predicant de precher lequel az prier de non point prefcher az caufe que Farel et Calvinus lon deffenduz de non point prefcher. Et quil le tenoyent pour excommunier luy deffendant laz predication.

2) Klagen Calvins etc. Ce que nous navons point administré la cene de Pasque, nous avons protefté publicquement devant le peuple, que ce neftoit point à cause du pain, adjouftans que ceft une chose indifferente quell en la liberté de l'esglise, mais que nous avions grand difficulté que nous mouvoit à ce faire, ceft assavoir que nous cuffions profanés ung sy sainct mystère, sinon que le peuple fuft mieulx disposé, allegant les desordres et abominations que regnent aujourdhuy à la ville, tant en blasphemes execrables et mocqueries de Dieu, et son evangille, que en troubles sectes et divifions; car publicquement, sans ce que auleune punition en soit faiete, il soit faict mil irisions contre la parolle de Dieu et mesmement contre la cene.

mochten, das Heilige zu verunehren. Aber es war in Genf hergebrachte Ordnung, daß die Vorbereitungen zu der Abendmalsfeier im Rat besprochen wurden, und niemand wußte anders als daß der Ausschluß vom Abendmal nicht ohne Zustimmung des Rates gegen Einzelne ausgesprochen werden konnte, geschweige denn gegen die ganze Bevölkerung. Das Geringste, was man von den Predicanten fordern durfte, war eine vorherige Anzeige ihres Entschlusses, und daß sie nicht gleichsam aus dem Hinterhalt hervorbrechend Rat und Bürgerschaft überrumpelten. Außerdem würde es für so strenge Sittenprediger sich wohl geziemt haben, öffentlich in der Predigt zu bekennen, daß auch sie selber einen Teil der Schuld an der bösen Aufregung in Genf trugen, zuerst durch den Mangel jener christlichen Tugenden die Grynäus von ihnen gefordert hatte, der Demut vor allem und der Liebe, dann durch die Hartnäckigkeit, mit der sie allen Geboten und Bitten zum Trotz eine Concession geweigert hatten, die sie jetzt selber als eine gleichgültige Sache bezeichneten, und zuletzt durch die unter schweigender Verachtung der Obrigkeit vollzogene Verletzung des Predigtverbotes.

Nach der Predigt trat der Rat zusammen. Er hörte die Entschuldigung des Henry de la Mare, ordnete die Abendmalsfeier für nächsten Sonntag an und beschloß die Einberufung des Großen Rats auf Montag, der allgemeinen Bürgerversammlung auf Dienstag.[1]) Während des kamen Calvin und Farel vor dem Rathaus an. Jetzt, wo es zu spät war, wo sie bereits alles gethan hatten und nichts weiter mehr thun konnten, jetzt überkam sie ein Gefühl ihrer Verantwortlichkeit und sie verlangten Gehör. Daß sie dießmal eine Abweisung erfahren mußten, erschien ihnen als eine unerhörte Barbarei, und sie haben dieselbe so tief empfunden, daß ihnen fortan alle eigenen Fehltritte aus dem Gedächtniß schwanden und sie kühn behaupteten, alle Beschuldigungen des Genfer Rates gegen sie würden vor Gott und den Menschen sich als unwahr erweisen.[2]) In

---

1) Ratsprot. Apr. 21. Opp. XXI 225.
2) Die Züricher Artikel s. u. Barbaries enim et inhumanitas fuit non ferenda, quod indefensos damnarunt, cum nos ad causam dicendam pro curiae foribus praesto effemus. — Klagen Calvins etc. Encores quil peullent pretendre aulcune apparence, neansmoings il ne se peulvent excuser quil nayent procedé contre toute equité et ordre de justice; car il ne nous ont jamais voulsus admectre à rendre nous raisons, mais, sans nous avoir ouys, ont contre nous concuté tant

der Stadt war die entgegengesetzte Ueberzeugung weit überwiegend. Der Große Rat verwarf den Antrag der Regierung auf Gefängnißstrafe und sprach ihre Entlassung aus dem Amte aus. Und wenn der Große Rat ihnen freistellte bis zum Eintritt ihrer Nachfolger das Predigtamt zu verwalten, so beschloß die allgemeine Bürgerversammlung, Farel und Calvin und auch der dritte Predicant — es war Elie Coraud gemeint — hätten die Stadt in drei Tagen zu räumen.[1])

6.
Der Versuch der Wiederherstellung.

„Recht so"! sagte Calvin, als der Ratsbote ihm den Befehl überbrachte, „wenn wir den Menschen gedient hätten, so wären wir schlecht belohnt, aber wir dienen einem großen Herrn, der wird uns lohnen." „Ich nehme es aus der Hand Gottes", sagte Farel.[2]) Sie nahmen ihr Loos als entschieden an. Aber diese Stimmung hatte keinen langen Bestand. sie giengen vielmehr geraden Wegs nach Bern, um dort Klage vor dem Rat zu führen,[3]) und es geschah doch gewiß in ihrem Sinne, daß der Rat an demselben Tage, dem 27. April, den Versuch beschloß, Genf zur Rücknahme der Verbannung zu bewegen.[4]) Der Rat nahm die Sache sehr ernst, er schickte sein Schreiben durch einen eigenen Boten, der auf die Antwort warten sollte: „Heute sind Farel und Calvin vor uns erschienen und haben den beiliegenden Klagzettel übergeben. Wenn die Dinge so. wie dort angegeben, sich zugetragen haben, so werden sie zu großem Aergerniß, ja zur Schande der christlichen Kirche gereichen." Sie bitten dringend und aus brüderlichem Herzen, dem armen blinden Coraud die Freiheit wieder zu geben, damit sie doch nicht ohne Pastor seien, und die Strenge gegen Calvin und Farel zu mäßigen, Bern zu Liebe und um Aergerniß zu vermeiden, in Betracht daß der letzte Brief Berns über die Gleichheit der Ceremonien nur bittweise gemeint gewesen, und nicht in

les Deux-Cens que le peuple, nous chargeant de ce que ne se trouvera veritable ne devant Dieu ne devant les hommes.
1) Ratsprot. Apr. 22. 23. Opp. XXI 226.
2) Ibid.
3) Klagen Calvins und Farels vor dem Rat von Bern 1538 Apr. 27. H IV 422.
4) Der Rat von Bern an den Rat von Genf. Apr. 27.

der Absicht des Rats gelegen, Genf oder seine Predicanten zu diesen in
der Kirche gleichgültigen Dingen zu nötigen. „Die Wirren in eurer
Stadt", so schließt das Schreiben, „und euer strenges Verfahren gegen
eure Predicanten mißfallen uns in einem Grade, daß wir es kaum in
Worte fassen können." Aber die umgehend erfolgende Antwort Genfs,
vom 30. April, begnügte sich die Darstellung der beiden Predicanten als
kecke Entstellung der Wahrheit zu bezeichnen und in den Hauptpunkten
zu widerlegen; Coraud sei in Freiheit gesetzt. Näheres würden sie durch
die in Bern anwesenden Gesandten Genfs erfahren.[1])

Unterdes waren Farel und Calvin weiter gereist nach Zürich, wo
die Synode der evangelischen Städte der Eidgenossenschaft, Ratsanwälte
und Geistliche, am 28. April zusammen getreten waren. Sie führten dort
Klage wie vor dem Berner Rat, und baten um Mitleid für sich und für die
Kirche, und um Beistand, damit die gutherzigen Christen dort nicht ver-
lassen blieben.[2]) Dann wechselte ihre Stimmung wieder, so daß die
Herren von der Synode ihnen zureden mußten, die Genfer Kirche nicht
im Stich zu lassen.[3]) Und dieß scheint dann den Anlaß dazu gegeben
zu haben, daß die beiden Genfer in einer kleinen Denkschrift nicht allein
ihre Stellung zu dem Ceremonienstreit, sondern auch die Bedingungen
bezeichneten, von welchen sie ihre Einwilligung zur Rückkehr abhängig
machen wollten.

Diese „Artikel"[4]) sprechen zuvörderst die Zustimmung zu den Berner
Ceremonien aus, mit den Bedingungen und Einschränkungen, die wir von

---

[1] Der Rat von Genf an den Rat von Bern. Apr. 30.

[2] Protokoll der Synode von Zürich vom 28. Apr. 1538. Opp. X II 192.

[3] Calvin an Bullinger, Bern Mai 20. Nobis tamen ad quaelibet potius conditiones de-
scendere vifum est quam non tentare vias omnes quibus ecclefiae satisfieret. — Farel und Calvin
an Bullinger, Basel 1538 Jun. Maluimus tamen poftremo ad extremas quasque conditiones descen-
dere quam permittere ut per nos stetiffe putarent boni viri quominus aliquid effectum effet. —
ibid. Proinde nunc tandem experimento credite, non fuiffe vanum timorem, quo sie apud vos
consternabamur, ut ecclesiae autoritate aegerrime fuerimus inducti ad ingrediendum hunc
labyrinthum.

[4] Die von Calvin und Farel auf der Züricher Synode übergebenen Artikel. II V 3.

Ex tribus conformitatis capitibus quae nobis sunt proposita, primum, de baptifteriis erigendis,
nos facile admiffuros iam antehac teltati sumus, modo in caeteris nihil ex ritu hactenus obser-
vato immutetur: nempe, ut baptifmus ipse, quibus horis ecclesia convenire solet, adminiftretur, et
eius doctrina, quo melius exaudiri queat, e suggestu recitetur.

Lausanne her kennen. Dann empfehlen sie folgende Art, die Conformität einzuführen. „Es sollen zuerst Gesandte Berns öffentlich die Erklärung

In mutando pane paulò maiori difficultate constringimur. Nuper enim perspeximus quantum offensionis exoriturum erat, si qua tunc fuisset facta mutatio. Nos tamen daturos fideliffimam operam recipimus, ut panis azimi usus in ecclefiam noftram inducatur. Sed hoc viciffim cupimus a Bernatibus impetratum, ut fractionem panis nobiscum recipiant, ne posthac de hac quoque differentia nova quaeftio nascatur.

In feriis plurima laboramus perplexitate, quemadmodum semper sumus profeffi, neque alia conditione concedere poffumus istas quatuor institui, nisi ut tollatur nimium imperiofa earum indictio, ac liberum sit iis qui volent post concionem ad opus se conferre. Non tamen fenestram audemus aperire tot turbis, quas emersuras iam prospicimus, si aliter fiat.

Haec autem nobis optima et convenientiffima censetur ratio recipiendae conformitatis, si legati Bernatium palam testentur, caeremonias hactenus apud nos observatas sibi minime improbari, neque se quidpiam in illis novatum ideo cupere, quod scripturae puritate alienum iudicent, sed unam se concordiam et unitatem spectare, quae rituum similitudine melius coalescere solet. Concio etiam a nobis habeatur de caeremoniarum libertate, deinde ad conformitatem populum adhortemur, propofitis eius rationibus. Demum liberum ecclefiae iudicium permittatur. Sic enim occurretur offendiculis, bonorum animi praeparabuntur, qui nunc aliquantum sunt aversi, et res quo decet ordine geretur.

Si de nobis restituendis agitur, istud inprimis cupimus curatum, ut ad diluendas calumnias, quibus oppreffi sumus, admittamur. Barbaries enim et inhumanitas fuit non ferenda, quod indefensos damnarunt, cum nos ad causam dicendam pro curiae foribus praesto effemus. Obnoxium siquidem futurum eft noftrum minifterium impiorum maledicentiae, quamdiu iactare poterunt per culpae deprecationem fuiffe restitutos. Jactabunt autem haud dubie, nisi datus fuerit purgationi locus.

Erit deinde studium adhibendum disciplinae stabiliendae. Alioqui mox collabetur quidquid in praesens instauratum fuerit. Etsi autem plura optemus, quia tamen hoc tempore obtineri poffe nulla spes eft, quae inprimis neceffaria sunt constitui cupimus.

Primum eft, ut urbs in certas parochias distribuatur. Quoniam enim, praeterquam quod populosa eft, collecta eft ex varia diverfarum gentium multitudine, valde confusa semper erit eius adminiftratio, nisi propius paftorem suum plebs respiciat, et paftor viciffim plebem. Quod fiet inftituta ista distinctione.

Deinde ut eo numero miniftri affumantur qui tantae provinciae sufficere queant.

Ut germanus excommunicationis usus restituatur eo quem praescripsimus modo, nempe ut a senatu delegatur ex singulis urbis regionibus probi et cordati viri, quibus in commune nobiscum ea cura incumbat.

Ut in miniftrorum vocatione legitimus ordo servetur: ne manuum impositio, quae penes miniftros effe debet, magistratus potentia tollatur e medio. Quod non semel noftri conati sunt. Quoniam autem duo restant caeremoniarum capita, in quorum altero iam discrimen eft, in altero futurum expectamus, rogandi sunt nobis et obteftandi Bernates, ut in iis sese nobis accommodent. ✦

Prius eft, ut frequentior coenae usus inftituatur, si non secundum veteris ecclefiae consuetudinem, at saltem singulis quibusque menfibus semel.

Alterum nt ad publicas orationes psalmorum cantio adhibeatur.

Poftremo quum in lascivis et obscoenis cantilenis ac choraeis quae ad illarum numeros semper sunt compositae noftri Bernatium exemplum praetexant, oratos volumus ut e sua quoque ditione tales spurcitias eliminent, ne suo exemplo dent noftris occafionem rursus eas expetendi.

abgeben, daß sie die Ceremonien, wie wir bisher sie gehalten haben, nicht verwerfen, und eine Aenderung nicht deshalb begehren, weil sie die Schriftgemäßheit derselben anfechten, sondern nur, weil sie den Vorteil im Auge haben, der aus der Gleichheit im Ritus für die Eintracht und Einheit der Kirchen erwachse. Dann werden wir von der Freiheit der Ceremonien predigen und das Volk zur Conformität ermahnen, indem wir die empfehlenden Gründe darlegen. Zuletzt muß der Kirche das Urteil frei bleiben."

„Wenn es sich um unsere Wiederherstellung handelt," fährt die Schrift fort, „so begehren wir zuerst, daß man uns gestatte, die Verleumdungen zu widerlegen, durch welche man uns zu Fall gebracht hat. Es soll uns, was sonst unfehlbar geschehen würde, später nicht nachgesagt werden, wir hätten Abbitte geleistet und dadurch unser Amt wieder erlangt. Dann muß für die Kirchenzucht gesorgt werden. In dieser Hinsicht beschränken wir uns für jetzt auf die allernotwendigsten Forderungen. 1. Einteilung der Stadt in Pfarren. 2. Hinreichende Vermehrung der Zahl der Geistlichen. 3. Wiederherstellung des richtigen Gebrauchs der Excommunication, in der Weise wie wir es früher angegeben haben, nämlich daß der Rat für die einzelnen Stadtquartiere tüchtige Männer ernenne, die mit uns gemeinsam diese Sorge übernehmen. 4. Daß bei der Berufung der Diener des Wortes nicht die Handauflegung, welche den Geistlichen zusteht, durch die Obrigkeit bei Seite geschoben werde. Außerdem sind, um künftige neue Ceremonienstreitigkeiten zu vermeiden, die Berner dringend zu bitten, sich in zwei Punkten uns anzuschliessen: 1. in Bezug auf das Abendmal, daß nämlich dasselbe häufiger gefeiert werde, wo nicht der alten Gewohnheit der Kirche entsprechend, doch wenigstens allmonatlich; 2. dass man den Psalmengesang zur Predigt einführe. Zum Schluß wünschen wir, die Berner möchten sich dazu verstehen, in ihrem Lande die üppigen Ringlieder zu verbieten, damit die Unsrigen sich nicht ferner auf ihr Beispiel berufen können."

Ueber der Geschichte dieser Artikelschrift schwebt ein gewisses Dunkel. Calvin sagt: „wir haben sie der Versammlung vorgelegt und sie hat so gefallen, dass nichts davon abgelehnt worden ist." Und an einer anderen Stelle: „Butzer hat den Spruch der Brüder verkündet, der mit unseren Forderungen durchaus übereinstimmte." Und wieder: „das, was uns zu Zürich mit großer Einmüthigkeit zugestanden war."[1] Dagegen behauptete zwei Wochen nach der Synode Kunz, der im Namen Berns mit Erasmus Ritter ihr beigewohnt hatte, er wisse nichts von diesen Artikeln, ohne von dem anwesenden Ritter zurecht gewiesen zu werden.[2] Und wir müssen hinzufügen: es ist gar nicht denkbar, daß die Versammlung diese Artikel in ihrem ganzen Umfang genehmigt habe; schon die Forderung der Excommunication allein macht das unmöglich; aber auch im übrigen war die Versammlung nicht im Stande und nicht in der Lage, über Zulässigkeit oder Opportunität all der einzelnen Forderungen, die Calvin und Farel an Genf oder Bern zu stellen hatten, sich zum Richter aufzuwerfen. Wir möchten daher vermuten, daß es in der Synode zu keinem Beschluß und nicht einmal zu einer Beratung im Plenum über die Artikel gekommen ist — in dem Protokoll der Synode werden sie nicht erwähnt, — sondern, daß entweder die Synode oder ein Ausschuß oder die meisten einzelnen Mitglieder von den Artikeln Kunde erhalten und gegen ihren Inhalt keinen Einspruch erhoben haben.

Die Synode enthielt sich eines Urteils über den Genfer Streit, über welchen sie nur den Bericht der einen Partei hatte. Nur eins war ihr klar: daß die beiden Männer Fehler begangen hatten, und zwar, wie sie meinte, durch Uebermaß des Eifers und ungebührliche Strenge. Darum ernannte sie einen Ausschuß mit dem Auftrag, die beiden zurecht zu weisen und an die Mäßigung und Sanftmut zu erinnern, die gerade in einer jungen Gemeinde vor allem notwendig seien. Daneben aber wußte sie, wie schwer ein Paar so ausgezeichneter Männer an dieser Stelle zu ersetzen sein würde und wie große Hoffnungen und Wünsche für den Fortgang des Evangeliums in allen welschen Landen sich an ihre ungestörte Wirksamkeit in Genf knüpften. Sie entschloß sich daher ein

---

[1] Calvin an Bullinger, Bern 1538 Mai 20. Hic ergo restabat ut senatus ipse sibi autor ellet ad omnia; qui in decernendo non adeo magnam habuit eorum rationem quae Tiguri magno omnium consensu nobis concella fuerunt. — Farel und Calvin an Bullinger, Basel 1538 Juni. Dixerunt enim expendendos articulos qui conventui propositi a nobis fuerunt, et sic placuerunt, ut nihil prorsus denegatum effet. — Diximus nos ad ecclesiae arbitrium provocare, paratos nos subire quamlibet infamiam, nisi ab universo consellu illi omnes articuli agnoscerentur, ex quibus Bucerus egiffet causam noftram, ex quibus pronunciaffet fratrum sententiam, quae per omnia noftris postulatis consentiebat.

[2] Farel und Calvin an Bullinger, Basel 1538 Juni. Audite iam hominis inpudentiam. Non meminerat articulos unquam fuiffe a nobis confectos.'

Schreiben an den Genfer Rat zu richten: er möge Geduld mit ihnen haben und sie wieder zulassen, ihnen dann die Hand zur Besserung der Kirche bieten. Zugleich wurde Bern gebeten, Botschaft nach Genf zu schicken, die Predicanten und was sie etwa gefehlt haben möchten zu vertheidigen und die ganze Verwicklung freundlich beizulegen.[1]) Es ist dieselbe Anschauung der Dinge, wie sie auch in dem Empfehlungsbriefe sich ausspricht, den Bullinger für sie jetzt nach Bern gerichtet hat: „Ihr Eifer geht über das Maß hinaus, aber es sind gelehrte und heilige Männer, denen man viel zu gut halten muss."[2])

Calvin glaubte mehr erreicht zu haben. Wenn die Synode, wie er es ansah, seine Artikel genehmigt hatte; wenn nun Bern, wozu die Berner Abgeordneten in Zürich ihre Hülfe zusagten,[3]) dem Wunsche der Synode entsprach und die Wiederherstellung der Vertriebenen auf Grund dieser Artikel durchführte, so war der Sieg der Predicanten so vollständig als möglich. Es war dann nicht bloß der Streit über die Ceremonien, der den Zusammenstoß und die Katastrophe herbeigeführt hatte, gegen Regierung und Gemeinheit von Genf entschieden, die sich gefallen lassen mußten, ihre wiederholten Beschlüsse als aufgehoben zu betrachten und einer kirchlichen Verhandlung unter Leitung der beiden Predicanten die endgültige Lösung der Frage anheim zu geben; sondern es waren daneben auch die Forderungen insgesammt, welche Calvin von Anfang seiner Genfer Laufbahn an erhoben, welche selbst die befreundete Regierung von 1537 nicht gewagt hatte zu gewähren, Forderungen so außerordentlicher Art, daß sie bisher nirgends in der evangelischen Welt durchgedrungen waren, den erbitterten und siegreichen Gegnern als Gesetz auferlegt. Das wäre ein unvergleichlicher Triumph der einen, eine unglaubliche Demütigung der andern gewesen.

Calvin war doch nicht ohne geheime Sorge, als er nun mit seinem

---

1) Protokoll der Synode von Zürich l. c.
2) Bullinger an Nikolaus von Wattenwyl, Zürich 1538 Mai 4. Zelum habent nimium, sed viri sancti et docti sunt, quibus permultum censeo donandum elle.
3) Farel und Calvin an Bullinger, Basel 1538 Juni. Jam ex aliis literis intellexiftis, octavo demum die poftquam Bernam appuleramus, Cunzenum et Erasmum eo se recepiffe, qui tamen nihil diligentiae reliquum facturi videbantur. — Cum ter respondiffemus, nos illi adimere nolle provinciam quam semel, conventus Tigurini decreto, suscepiffet etc. — Haec est scilicet fides, vobis et ecclefiae Chrifti solenniter data, cuius fallendae praeceptam facultatem Cunzeno putabatis.

Freunde nach Bern zurückgieng.¹) Und dieß Gefühl war richtig, namentlich wenn er an Kunz dachte, von dem so viel in dieser Sache abhieng, und den er längst als seinen schlimmsten Feind betrachtete und in vertrauten Ergießungen seiner heftigen und rücksichtslosen Feder der Verachtung seiner Freunde und dem Zorne Gottes zu weihen gewohnt war. Jetzt mußten sie nun zunächst in Bern mit aller Spannung und Ungeduld ihrer Seele acht Tage müßig sitzen; denn die Regierung hatte vor allem auf den amtlichen Bericht ihrer Synodalverordneten zu warten und diese mußten, ehe sie heimkehrten, im amtlichen Auftrag noch die Capitelversammlungen in Aargau abhalten.²) Mit Unrecht gab Calvin ihnen geflissentliche Zögerung Schuld, und daß sie im Sinne gehabt, den beiden Bittstellern die Sache zu verleiden und sie zu voreiliger Abreise böswillig zu reizen. Aber als nun Kunz zurückkehrte und den Besuch der Franzosen empfieng, da trat ohne Verweilen eine so unverhohlen feindselige Stimmung zu Tage, daß man vermuthen möchte, Kunz habe auf der Reise eine jener vertraulichen Schilderungen seiner Persönlichkeit von Calvins Hand, durch eine Indiscretion, wie sie auch zu dieser Zeit und auch in diesem Kreise nicht ohne Beispiel ist, zu Gesicht bekommen. Er begann mit heftigen Vorwürfen, dann fragte er, ob sie wirklich seine Mitwirkung bei ihrem Geschäfte begehrten; denn er sehe voraus, wenn es nicht glücke, so werden sie ihn der Unehrlichkeit zeihen. Dreimal zog er die Hand zurück, dreimal mußten sie ihn festhalten und an die in Zürich gegebene Zusage erinnern; endlich willigte er ein. Am nächsten Tag sollte die amtliche Verhandlung im Consistorium stattfinden. Sie kamen und warteten, bis nach zwei Stunden man ihnen hinaussagen ließ, die Herrn seien durch Consistorialgeschäfte abgehalten. Nachmittags kamen sie wieder, und nun begann zu ihrem Erstaunen eine Verhandlung über die Artikel, als wären sie etwas ganz neues und als wäre zu Zürich nichts abgemacht worden. Sie mußten sich in eine Erörterung einlassen, die jeden Punkt und jeden Buchstaben erfaßte und nur äußerst langsam sich fortschob, während Kunz sich immer mehr in die Leidenschaft hinein redete, auf die Verhandlungen zu Zürich und Lausanne zu sprechen kam,

---

1) Calvin an Bullinger, Bern 1538 Mai 20. — quae experti sumus, minime quidem ex voto nostro fluxisse, sed expectationi non male respondisse.
2) H V 21 Anm.

das Thatsächliche ihnen ins Gesicht in Abrede stellte, und von Zeit zu Zeit seine innersten wenig schmeichelhaften Gedanken über die beiden Franzosen heraussprudelte. Endlich, nachdem sie in Geduld und Demut das Aeußerste geleistet hatten, wie sie meinten, und als sie kein Ende und keinen Erfolg mehr absahen, brachen sie ab und verließen das Rathaus. Da sofort, nach dem ersten, widerfuhr ihnen das zweite Unglück. Sebastian Meyer, der sie auf die Straße begleitete, erzählte gesprächsweise, er habe gehört, es gäbe Brüder, welche ihre, Farels und Calvins, Amtsnachfolger in Genf Wölfe nennen und falsche Propheten, die in den Schafstall sich eingeschlichen hätten; und fragte, ob sie dieser Erzählung Glauben schenkten. „Nicht bloß das", antworteten sie, „sondern auch in unseren Augen sind diese Leute nichts anderes." „Dann gilt dasselbe auch von uns," rief Meyer aus, „die wir nach der Vertreibung Meganders hier bleiben." Das wollten die beiden nicht zugeben, aber Meyer ließ sie nicht weiter reden, sondern verschwor jede fernere Teilnahme an ihrer Angelegenheit und ließ sie stehen. So blieb nur Ritter übrig, dessen Kräfte dem Widerstand der zwei anderen gegenüber nicht viel bedeuteten, obwohl er seinen guten Willen auch fernerhin bethätigte.

Nachdem also die Verhandlungen mit dem Consistorium erfolglos sich zerschlagen hatten, kam die Sache ohne Gutachten der Geistlichkeit an den Rat; und zwar wieder zuerst die Artikel. Ueber die Berner Ceremonien und ihre Behandlung war es im Consistorium zum Bruch gekommen, und dieser Punkt bot auch jetzt den Anstoß, über welchen der Rat nicht hinweg kommen konnte, wenn auch sein Gesichtspunkt ein anderer war. Er konnte Genf nicht zumuten, die wiederholten Beschlüsse über die Ceremonien als nicht geschehen zu betrachten, und verlangte vielmehr von den Predicanten, daß sie vor der vollendeten Thatsache sich beugen und die Annahme der Ceremonien als abgemacht hinnehmen sollten. Sie sträubten sich, dreimal in einer Stunde wurden sie wegen dieses Punktes in den Rat gerufen, endlich mußten sie den Widerstand aufgeben, um nicht den Versöhnungsversuch zu hindern den sie, wie sie die Sache jetzt ansahen, der Züricher Synode schuldig waren. Tags darauf am 19. Mai, wurden dem Großen Rat die Acten der Züricher Versammlung vorgelegt und dort der Beschluß gefaßt: zwei Gesandte sollten die Predicanten bis Nyon, vier Stunden von Genf, führen, dann ohne sie nach

Genf gehen, um ihre Wiederaufnahme zu bewirken, darauf sie nach Genf einholen. Die beiden erhoben dagegen den Einwand, auf diese Weise werde der Schein erweckt, als ob ihre Rückkehr durch eine Abbitte erreicht worden sei; auch begehrten sie die Zuordnung von Geistlichen zur Gesandtschaft. Willfährig befahl der Rat den Gesandten, Hans Huber und Hans Ludwig Ammann, die Predicanten geradewegs nach Genf zu führen, dort für sie die Zulassung zur Rechtfertigung zu erwirken, dann ihre Wiederherstellung zu vermitteln. Um auch den anderen Wunsch zu erfüllen, bekamen Ritter und Viret den Auftrag, die Gesandtschaft zu begleiten. Man hatte an Kunz gedacht, der sich weigerte. „Ich weiss", hat dieser etwas später geäußert, „wie gräulich sie mich verlästert haben, und würde eher mein Amt aufgeben und aus dem Lande gehen, als ihnen helfen."[1])

Es wäre jetzt wohl am besten gewesen, wenn Calvin und Farel ihre Artikel zurückgezogen hätten. Die erste Hälfte hatten sie ja schon aufgegeben, und was sollte es nützen, wenn die Gesandten die Artikel in Genf vorlegten, aber der Instruction gemäß mit dem Beifügen erläuterten, die beiden hätten zu Bern im Rat erklärt, die Ceremonien halten zu wollen? An der zweiten Hälfte hielten sie fest, aber Berns Beistand fehlte ihnen auch hier, wenigstens was die Hauptsache, die Excommunication, angeht. Die Instruction befahl: wenn die Wiederherstellung gelinge, so sollten die Gesandten erwägen, ob es nicht zeitgemäß sei, bei den Genfern die Teilung der Pfarren und die Einrichtung eines Ehegerichts zur Strafe der Laster anzuregen, damit sie nicht bloß in den Ceremonien, sondern auch in der Sittenzucht Bern gleichförmig seien. Ein solches Institut aber war nicht das, was die beiden Reformatoren erstrebten; viel eher das Gegenteil. Sollen wir denken: sie trauten ihrer Predigt die Kraft zu, die Excommunication und den übrigen Inhalt der Artikel, alles was sie in den beiden Jahren nicht durchgesetzt hatten, im Augenblick der Versöhnung dem gerührten Volk abzuringen? In der That, als die Artikel wirklich im entscheidenden Augenblick ihre Sache rettungslos zu Grunde richteten, sahen sie nicht ein, daß die Schuld an den Artikeln selbst lag.

---

1) Die vorstehende Erzählung beruht auf den beiden Briefen an Bullinger s. o., und der Instruction der Bernischen Gesandten, Mai 19. Opp. X II 197.

sondern klagten nur, daß man in ihrer Abwesenheit, wo sie den Einwürfen nicht begegnen konnten, heimtückischer Weise die Artikel ans Licht gebracht habe.

Das Unternehmen verlief rasch und unglücklich.[1]) Als die Herrn noch eine Stunde von Genf entfernt waren, kam ihnen ein Bote entgegen, mit dem Verbot, die Predicanten in die Stadt zu bringen: der Eintritt derselben sei gegen den Willen der Gemeinheit und würde nur zu Ungelegenheiten Anlaß geben. Die beiden wollten dennoch weiter gehen, wurden aber durch den Einspruch der Gesandten daran gehindert. Zu ihrem größten Glück, denn es handelte sich um ihr Leben: so meinte Calvin später, als er von der Aufstellung einer bewaffneten Mannschaft in der Nähe des Stadtthors hörte, die er mit raschem Argwohn, doch ganz mit Unrecht, für einen auf ihn und seinen Freund berechneten Hinterhalt ansah. Die Gesandten trafen in Genf ein, und stellten Tags darauf, am 23. Mai, den Antrag an den Kleinen Rat, Farel und Calvin in die Stadt herein und zu Wort kommen zu lassen. Die Antwort lautete: was geschehen, sei geschehen durch Kleinen und Großen Rat und allgemeine Bürgerversammlung, und könne nicht ohne sie geändert werden. Am folgenden Tag erschienen die Gesandten vor dem Großen Rat und baten, man möge Farel und Calvin in die Stadt kommen und predigen lassen wie früher; und wo nicht zur Predigt, doch so, daß sie ihre Angelegenheit richtig stellen und daß dann die Gesandten helfen könnten, alles freundschaftlich zu schlichten. Zugleich überreichten sie das Schreiben der Züricher Versammlung, das wir kennen. Sie erhielten zur Antwort: Es sei ein Beschluß des Kleinen und Großen Rats und der Gemeinheit; doch wolle man, wenn sie es wünschen, auf Sonntag die allgemeine Versammlung einberufen. Die Artikel waren bisher von den Gesandten nicht übergeben worden; aber Pierre Vandel überbrachte jetzt eine Abschrift derselben, die er in Bern vermutlich von Kunz erhalten hatte. Als nun am Sonntag, den 26. Mai, die Gesandten in der Bürgerversammlung ihren Auftrag ausgerichtet, der diesmal neben den zwei anderen auch auf Coraud sich erstreckte, als namentlich Ammann und Viret, nicht ohne Eindruck zu machen, wie es schien, gesprochen hatten.

---
1) Das Folgende nach den Ratsprot. l. c. 229—231, und dem Brief an Bullinger vom Juni.

und dann alle vier abgetreten waren, wurden die Artikel vorgelesen, mit aufreizenden Glossen begleitet, und namentlich der Punkt der Excommunication hervorgehoben.[1]) Die Gesandten traten wieder ein und begehrten Bescheid. Da wurde in ihrer Anwesenheit mit Handaufheben abgestimmt, ob Farel, Calvin und Coraud der Eintritt in die Stadt zu erlauben sei. Die ganze Versammlung, mit Ausnahme von Ami Perrin und drei bis vier anderen, sagte nein. Auch die Gegenprobe ergab nur eine geringe Minderheit. Darauf erboten sich die Gesandten, an ihre Herrn Bericht zu erstatten, und baten, man möge ihr Anbringen nicht übel auslegen; Bern werde jederzeit bereit sein, den Genfern als guten Mitbürgern Liebes zu erweisen.

Die Geschichte der Entzweiung mit der Mehrheit der Genfer Bürgerschaft, welche wir so eingehend, als die dürftigen Quellen es gestatten, erzählt haben, erzeugt einen für Calvin ungünstigen Eindruck, und um der Gerechtigkeit willen ist es vonnöten, wiederholt auf die Jugend des Mannes hinzuweisen, der erst 27 Jahre alt war als er den heißen Boden dieser Stadt betreten hat. Bestätigt aber und gerechtfertigt wird unsere Anschauung wohl am nachdrücklichsten durch den Umstand, daß unter den unbefangenen und urteilsfähigen Zeitgenossen keiner, so weit wir wissen, ihm Recht gegeben, daß vielmehr gerade die Freunde und Gönner denselben Eindruck wie wir empfangen und, wenn auch schonend, ausgesprochen haben. Das Urteil Bullingers und der Züricher Synode kennen wir bereits.[2]) Das Zeugniß der Berner fällt um ihrer persönlichen Gereiztheit willen minder schwer in die Wagschale. Aber auch Capito, in einem

---

1) Farel und Calvin an Bullinger, Juni. Tria duntaxat habuerunt quae carperent ad conflandum nobis odium: quod ecclesiam Genevensem vocabamus noſtram; quod sine praefatione honoris Bernates suo nomine appellaremus; quod excommunicationis faceremus mentionem. Ecce, inquiunt, ut ecclesiam ausint vocare suam, quasi in eius poſſeſſionem iam venerint! Ecce ut principes ipsos superbiſſime contemnant! Ecce ut ad tyrannidem aspirent! Quid enim eſt excommunicatio, quam tyrannica dominatio?

2) Protokoll der Züricher Synode. Wir habent ouch durch etliche unsere verordneten uſs ernstlichest mit inen reden laſſen sich etlicher ungeschigkter scherpſſe ze maaßen und sich by diſem unerbuwnen volgk criſtenlicher senftmütigkeit zu befl yſſen; guter hofnung, sie sich numer baß bedengken werdint.

Briefe an Farel, stimmt den Klagen des Freundes nicht bei, sondern stellt im Sinne freundlicher Zurechtweisung das eigene Beispiel zur Nachahmung auf: „wenn mir in meinem Amt eine Störung vorkommt, so weiß ich, daß ich immer selbst einen Teil der Schuld trage, und ich bessere das, indem ich sorgfältiger mich durch Gebet auf die kirchlichen Handlungen vorbereite." Und ein andermal schreibt er an denselben: „wir machen die Erfahrung, daß Satan sich um nichts größere Mühe gibt, als heilige Männer in Kampf und Hader zu bringen, auch unter dem Schein, es sei zur Förderung des Evangeliums nötig." [1]) Butzer, in einem Brief an Calvin, sagt zwar nicht: „durch deine Schuld allein ist die Sache Christi in Genf schwer geschädigt worden," sondern er stellt nur eine Hypothese dieses Inhalts auf: „nimm an, durch deine Schuld allein sei die Sache Christi in Genf schwer geschädigt worden:" aber wir fühlen, er würde an dieser Stelle auch nicht den Fall setzen, wenn er von dem Gegenteil überzeugt wäre.[2]) Louis du Tillet, der Jugendfreund Calvins, der besser als die anderen über die Genfer Verhältnisse unterrichtet war, da er bis zum August 1537 sich dort aufgehalten hat, spricht zwar einen herben Tadel über die Gegner aus, aber nach einer für Calvin günstigen Aeußerung suchen wir auch bei ihm vergebens. Vielmehr nimmt er die Gelegenheit wahr, um seinen Bedenken gegen die Stellung Calvins als Reformator Eingang ins Herz des Freundes zu verschaffen. „Ich halte wohl dafür, daß in euern Unfällen die Böswilligkeit von Leuten thätig gewesen ist, die mehr auf die Dinge dieser Welt als auf Gott sehen. Aber ich glaube, ihr habt mehr darauf zu achten, ob euch nicht der Herr auf diese Weise zum Nachdenken mahnen will darüber, ob nichts in euerer Amtsführung zu tadeln gewesen, und zum Gebet, daß er euch geben möge ihn zu verstehen. Denn es kann uns gar oft begegnen, daß wir Fehler, die wir begehen, und zwar sehr große und schwere, nicht verstehen, und daß unserm Urteil als das beste und denkbar

---

1) Capito an Farel, Straßburg 1538 Aug. 2. Ende Juli.

2) Butzer an Calvin, Straßburg 1538 gegen Aug. 1. — Calvin sagt in einem Brief an Farel 1538 Oct.: Hoc mihi in actione Buceri displicet, quod nimia rigiditate nos peccasse confitetur, tum subiungit: „sed ubi meliores? ubi doctiores? etc." Mallem parcius laudaret, sine ulla vitii nota, ne hanc ille solam arripiat in qua videatur sibi habere victoriam.

sicherste erscheint, was doch ganz und gar der Wahrheit Gottes und
dem Urteil seines Geistes widerspricht."[1])
Calvin aber glaubt besser zu wissen als die Freunde, wer die Schuld
an dem Unglück trägt. „Kunz, da er uns nicht stürzen konnte, ohne die
Kirche zu treffen, hat kein Bedenken getragen, die Kirche zusammen mit
uns dem Verderben Preis zu geben." Er selbst hat keine Schuld sich
vorzuwerfen. Er hat sogar schon vergessen, daß er mit Farel vor der
Züricher Synode sich der übergroßen Schroffheit angeklagt und Besserung gelobt hat.[2]) Jetzt will er sich wohl dazu verstehen, seinen Anteil
an der gemeinen menschlichen Unvollkommenheit anzuerkennen, aber
irgend einen besonderen und bestimmten Vorwurf läßt er nicht zu. „So
will ich also vor Gott und allen Frommen gern bekennen, daß unsere
Unwissenheit und Fahrlässigkeit eine solche Züchtigung verdient habe;
daß aber durch unsere Schuld diese arme Kirche zu Grund gegangen
sei, das werde ich niemals zugeben. Wir sind uns eines ganz anderen
bewusst vor dem Angesichte Gottes, und niemand kann auch nur den
kleinsten Teil der Schuld uns zur Last legen.[3])

1) Louis du Tillet an Ch. d'Espeville, Paris 1538 Sept. 7.
2) Protokoll der Züricher Synode. — und das si etlicher dingen halb, vilicht das si untzhar
zu streng gewesen, geurloubet etc. — Und ob si bißhar iemer in gefelt oder zu streng gefaren
werind (als si vilicht wol erkennen mochtent) wölten si sich fürer gern wyßen laffen.
3) Calvin an Farel, Straßburg 1538 Sept. Libenter ergo apud Deum et pios omnes fatebor,
dignam fuiffe noftram tum inscitiam tum incuriam, quae tali exemplo castigaretur: culpa noftra
corruiffe miseram illam ecclesiam, nunquam sum conceffurus. Longe enim aliter sumus nobis
conscii in Dei conspectu. Neque enim quisquam hominum eft, qui nobis ullam culpae portiunculam
transcribere queat.